D0627353

UNE BRÈVE
HISTOIRE DU TEMPS

Du Big Bang aux trous noirs

STEPHEN W. HAWKING

UNE BRÈVE HISTOIRE DU TEMPS

Du Big Bang aux trous noirs

traduit de l'anglais
par
Isabelle Naddeo-Souriau

FLAMMARION

Titre original : *A Brief History of Time.*
From Big Bang to Black Poles.

Publié par Bantans Press, New York, 1988
Co Writers House, New York

© Flammarion, 1989, pour la traduction française.
ISBN : 2-08-081238-6
Imprimé en France

Je dédie ce livre à Jane.

Remerciements

J'ai décidé d'écrire un livre sur l'Espace et le Temps à l'intention du grand public après les conférences Loeb que j'ai données à Harvard en 1982. Il existait déjà un nombre considérable de livres sur les débuts de l'Univers et les trous noirs, d'excellents, comme *Les Trois Premières Minutes de l'Univers*, de Steven Weinberg, et de très mauvais, que je ne citerai pas. Je trouvais cependant qu'aucun d'entre eux ne répondait vraiment aux questions qui m'avaient conduit à faire de la recherche en cosmologie et en théorie des quanta : d'où vient l'Univers? Comment et pourquoi a-t-il commencé? Connaîtra-t-il une fin, et si oui, comment? Questions qui intéressent tout le monde. Mais la science moderne est devenue si technique que seul un tout petit nombre de spécialistes peut maîtriser les mathématiques qui sont au cœur de la description. Et pourtant, les idées fondamentales sur l'origine et le destin de l'Univers peuvent prendre une forme non mathématique, accessible à une personne dépourvue de formation scientifique. C'est ce que j'ai essayé de faire ici et le lecteur jugera si j'ai réussi.

On m'a dit que chaque équation incluse dans le livre en diminuerait les ventes de moitié. J'ai donc décidé qu'il n'y en aurait aucune. A la fin, toutefois,

j'en ai mis une, la fameuse équation d'Einstein :
$E = mc^2$. J'espère que cela n'effraiera pas la moitié
de mes lecteurs potentiels.

J'ai eu la malchance d'être atteint d'une maladie
neuro-motrice (maladie de Lou Gehrig), mais presque partout ailleurs, la chance m'a souri. L'aide et
le réconfort que j'ai reçus de ma femme Jane et de
mes enfants Robert, Lucy et Timmy m'ont permis de
mener une vie à peu près normale et d'avoir une car-
rière remplie de succès. Autre chance, mon choix en
faveur de la physique théorique, parce que tout est
dans la tête. Ainsi, mon incapacité n'aura-t-elle pas
été un handicap sérieux. Mes collègues scientifiques
m'ont tous beaucoup aidé.

Dans la première phase « classique » de ma car-
rière, mes principaux associés et collaborateurs
furent Roger Penrose, Robert Geroch, Brandon
Carter, et George Ellis. Je leur suis reconnaissant
de leur aide et du travail que nous avons fait
ensemble. Cette époque trouva son couronnement
dans le livre *The Large Scale Structure of Space-
time (La Structure à grande échelle de l'espace-
temps)* que Ellis et moi avons écrit en 1973. Je ne
suggérerai pas aux lecteurs du présent livre de
consulter ce travail pour plus ample information . il
est hautement technique et tout à fait illisible.
J'espère que j'ai appris depuis lors à écrire d'une
manière plus facile à comprendre.

Dans la deuxième phase « quantique » de mon
travail, à partir de 1974, mes principaux collaborateurs ont été Gary Gibbons, Don Page, et Jim
Hartle. Je leur dois beaucoup, ainsi qu'à mes étudiants en recherche, qui m'ont beaucoup aidé, à la
fois aux sens physique et théorique du mot. Demeu-
rer au niveau de mes étudiants m'a grandement sti-
mulé et m'a, j'espère, empêché de m'enfoncer dans
l'ornière.

J'ai été grandement aidé pour ce livre par Brian Whitt, l'un de mes étudiants. J'ai attrapé une pneumonie en 1985, après en avoir écrit une première version. J'ai dû subir une trachéotomie qui m'a enlevé la capacité locutoire et m'a rendu presque impropre à communiquer. Je pensais que je serais incapable de le finir. Non seulement Brian m'a aidé à le réviser, mais il m'a aussi fait utiliser un programme de communication nommé Living Center que m'a offert Walt Woltosz, de Words Plus Inc. de Sunnyvale, Californie. Grâce à cet appareil, je peux à la fois écrire des livres et des articles, et parler aux gens avec un synthétiseur offert par Speach Plus, également de Sunnyvale, Californie. Le synthétiseur et un petit ordinateur individuel ont été montés sur ma chaise roulante par David Mason. Ce système a fait toute la différence : en fait, je peux communiquer maintenant beaucoup mieux qu'avant la perte de ma voix.

Un grand nombre de gens, qui ont eu connaissance des versions préliminaires, m'ont fait des suggestions pour améliorer ce livre. En particulier, Peter Guzzardi, mon éditeur de Bantam Books, m'a envoyé des pages et des pages de commentaires et de questions concernant tout ce qu'il croyait que je n'avais pas expliqué proprement. J'étais plutôt irrité, je dois l'admettre, quand j'ai reçu la grande liste de changements qu'il proposait, mais il avait tout à fait raison. Je suis persuadé que le livre a bénéficié de son insistance à ce que je revois les choses de plus près.

Je suis très reconnaissant à mes assistants, Colin Williams, David Thomas and Raymond Laflamme; mes secrétaires, Judy Fella, Ann Ralph, Cheryl Billington, et Sue Masey; et à mon équipe d'infirmières. Rien de tout cela n'aurait été possible sans l'aide apportée à ma recherche et à mes dépenses médicales fournie par le Gonville et Caius College, Science and Engineering Research Council, et par les Fondations Leverhulme, McArthur, Nuffield et Ralph Smith. Je leur exprime toute ma reconnaissance.

Stephen Hawking
20 octobre 1987

Introduction

Nous menons notre vie quotidienne sans presque rien comprendre au monde qui est le nôtre. Nous accordons peu de pensées à 'a machinerie qui engendre la lumière du Soleil, rendant ainsi la vie possible, à la gravité qui nous colle à une Terre qui, autrement, nous enverrait tournoyer dans l'espace, ou aux atomes dont nous sommes faits et dont la stabilité assure notre existence. A l'exception des enfants (qui n'en savent pas assez long pour poser les questions importantes), peu d'entre nous passent beaucoup de temps à se demander pourquoi la nature est telle qu'elle est ; d'où vient le cosmos ou s'il a toujours été là ; si le temps fera un jour machine arrière et si les effets précéderont les causes ou s'il y a des limites extrêmes à la connaissance humaine. Il y a même des enfants, et j'en ai rencontrés, qui veulent savoir à quoi ressemble un trou noir, quelle est la plus petite parcelle de matière ; pourquoi nous nous souvenons du passé et non du futur ; comment il se fait, s'il y avait un chaos au début, qu'il y ait apparemment de l'ordre aujourd'hui ; et pourquoi *il y a* un Univers.

Dans notre société, parents et professeurs répondent couramment à de telles questions en haussant les épaules ou en faisant référence à quelque précepte religieux vaguement rapporté. Ils se sentent mal à l'aise sur de tels sujets, parce qu'ils soulignent clairement les limites de la connaissance humaine.

Mais bien de la philosophie et bien de la science sont issues de telles questions. Un nombre croissant d'adultes les posent de plus en plus volontiers et recueillent à l'occasion quelques réponses ahurissantes. A mi-chemin des atomes et des étoiles, nous étendons l'horizon de nos explorations pour embrasser à la fois l'infiniment petit et l'infiniment grand.

Au printemps 1974, environ deux ans avant que la sonde spatiale Viking ne se pose sur Mars, j'assistai à un meeting en Angleterre, organisé par la Royal Society de Londres, consacré à la question de la vie extra-terrestre. Pendant la pause-café, je remarquai qu'une réunion beaucoup plus nombreuse se tenait dans une salle voisine, où ma curiosité me fit entrer. Je compris bientôt que j'étais témoin d'un rite ancien, l'investiture de nouveaux membres de la Royal Society, l'une des plus anciennes organisations savantes de la planète. Au premier rang, un jeune homme sur une chaise roulante était en train, avec lenteur, d'inscrire son nom sur un livre qui portait sur ses premières pages la signature d'Isaac Newton. Quand enfin il eut terminé, il y eut une ovation émouvante. Stephen Hawking était une légende déjà.

Hawking est maintenant « Lucasian Professor of Mathematics » à l'Université de Cambridge, poste jadis occupé par Newton et, plus tard, par P.A.M. Dirac, deux célèbres explorateurs de l'infiniment grand et de l'infiniment petit. Il est leur digne successeur. Ainsi, le premier ouvrage de Hawking pour le non-spécialiste est plein de récompenses de toutes sortes pour le simple public. Il fournit des lueurs sur le travail intellectuel de son auteur, aussi passionnantes que son multiple contenu. Il fourmille de révélations brillantes sur les limites de la physique, de l'astronomie, de la cosmologie, et du courage.

C'est aussi un livre sur Dieu... ou peut-être sur l'absence de Dieu. Le mot Dieu emplit ces pages. Hawking s'embarque dans une recherche pour répondre à la fameuse question d'Einstein se demandant si Dieu avait le choix en créant l'univers. Hawking essaie, et il le dit explicitement, de comprendre la pensée de Dieu. Et cela rend encore plus inattendue la conclusion de cet effort, au moins jusqu'à présent : un univers sans limites dans l'espace, sans commencement ou fin dans le temps, et rien à faire pour le Créateur.

Carl Sagan
Cornell University
Ithaca, New York

NOTRE VISION DE L'UNIVERS

Un savant célèbre (certains avancent le nom de Bertrand Russell) donna un jour une conférence sur l'astronomie. Il décrivit comment la Terre tournait autour du Soleil et de quelle manière le Soleil, dans sa course, tournait autour du centre d'un immense rassemblement d'étoiles que l'on appelle notre Galaxie. A la fin, une vieille dame au fond de la salle se leva et dit : « Tout ce que vous venez de raconter, ce sont des histoires. En réalité, le monde est plat et posé sur le dos d'une tortue géante. » Le scientifique eut un sourire hautain avant de rétorquer : « Et sur quoi se tient la tortue? – Vous êtes très perspicace, jeune homme, vraiment très perspicace, répondit la vieille dame. Mais sur une autre tortue, jusqu'en bas! »

La plupart d'entre nous pourraient trouver plutôt ridicule de considérer que notre univers est comme une tour sans fin, faite de tortues empilées les unes sur les autres, mais pourquoi ce que nous savons vaudrait-il mieux que cela? D'où vient l'univers et où va-t-il? A-t-il eu un commencement, et si oui, qu'y avait-il *avant*? Quelle est la nature du temps? Aura-t-il une fin? Tout récemment, d'importantes découvertes en physique, dues en partie aux nouvelles technologies et à leurs possibilités fantastiques, suggèrent

des réponses à quelques-unes de ces questions de
fond. Un jour viendra où ces réponses à leur tour
nous sembleront aussi évidentes que le fait que la
Terre tourne autour du Soleil, ou peut-être aussi ridi-
cules que la tour de tortues. Seul le temps (quoi qu'il
puisse être) nous le dira.

Dès 340 avant Jésus-Christ, le philosophe grec
Aristote avança – dans son ouvrage *Du ciel* – deux
solides arguments en faveur d'une Terre sphérique
plutôt que plate. Tout d'abord, il avait compris que
les éclipses de Lune étaient dues au fait que la Terre
passait entre le Soleil et la Lune. L'ombre projetée
sur la Lune était toujours ronde, ce qui ne pouvait
être le cas que si notre planète était sphérique. Si elle
avait eu la forme d'un disque plat, son ombre aurait
été allongée et elliptique, à moins que le phénomène
d'éclipse n'intervienne jamais qu'au moment où le
Soleil se trouve exactement derrière le centre du
disque. De plus, les pérégrinations des Grecs leur
avaient appris que l'Étoile Polaire apparaissait plus
bas sur l'horizon dans les régions du sud que dans le
Nord. (Étant donné que l'Étoile Polaire est à
l'aplomb du pôle Nord, un observateur au Pôle la
verra juste au-dessus de sa tête, alors qu'à l'équateur,
il la verra briller juste au-dessus de l'horizon.)
D'après la différence des positions apparentes
qu'occupait l'Étoile Polaire en Égypte et en Grèce,
Aristote avait déjà calculé approximativement que la
circonférence de la Terre devait être de quatre cent
mille stades. On ne sait pas exactement quelle était la
longueur d'un de ces stades, mais il est probable que
cela devait équivaloir environ à deux cents mètres, ce
qui donne pour l'estimation aristotélicienne une
valeur deux fois plus grande que celle que nous
admettons couramment. Les Grecs disposaient même
d'un troisième argument en faveur de la rotondité de
la Terre : comment expliquer autrement le fait qu'à

l'horizon ce soient d'abord les voiles d'un navire qui apparaissent, avant sa coque ?

Aristote pensait que la Terre était immobile et que le Soleil, la Lune, les planètes et les étoiles tournaient selon un mouvement circulaire autour d'elle. Il pensait cela parce qu'il estimait, pour des raisons mystiques, que la Terre était le centre de l'univers et que le mouvement circulaire représentait la perfection. Développant cette idée au IIe siècle avant Jésus-Christ, Ptolémée aboutit à un système cosmologique achevé. La Terre occupait la position centrale, entourée de huit sphères qui portaient respectivement la Lune, le Soleil, les étoiles et les cinq planètes connues à l'époque, Mercure, Vénus, Mars, Jupiter et Saturne. Les planètes elles-mêmes décrivaient de petits cercles sur leurs sphères respectives, cela pour rendre compte des trajectoires planétaires assez complexes que l'on observait dans le ciel. La sphère la plus extérieure portait les étoiles fixes, qui conservaient la même position les unes par rapport aux autres, mais qui tournaient en bloc. Ce qu'il y avait au-delà de cette dernière sphère, on ne le savait pas très bien mais en tout cas, ce n'était certainement pas à la portée de l'humanité.

Le modèle de Ptolémée fournissait un système relativement sûr pour prédire la position des corps célestes dans le ciel. Mais pour que ses prédictions collent aux observations, Ptolémée avait dû avancer l'hypothèse que la Lune suivait une trajectoire qui l'amenait parfois deux fois plus près de la Terre qu'à d'autres moments. Cela impliquait qu'elle aurait dû alors nous apparaître deux fois plus grosse que d'habitude ! Ptolémée était conscient de ce défaut mais son système n'en fut pas moins généralement, si ce n'est universellement, adopté. L'Église chrétienne y trouva une vision de l'univers en accord avec les Saintes Écritures, et qui avait le gros avantage de

laisser de la place au-delà de la sphère des fixes pour
le Paradis et l'Enfer.

Cependant, un système plus simple fut proposé en
1514 par un prêtre polonais, Nicolas Copernic. (Tout
d'abord, par peur d'être accusé d'hérésie et brûlé par
son Église, celui-ci publia sa conception sous le couvert de l'anonymat.) D'après lui, le Soleil était immobile au centre de l'Univers et les planètes décrivaient
des orbites circulaires autour de notre étoile. Presque
un siècle s'écoula avant que cette hypothèse ne soit
prise au sérieux. Puis, deux astronomes – l'un allemand, Johannes Kepler, et l'autre italien, Galilée –
commencèrent à défendre publiquement la théorie de
Copernic, en dépit du fait que les orbites qu'elle prédisait ne coïncidaient pas exactement avec les observations. Le coup fatal à la théorie d'Aristote/
Ptolémée survint en 1609. Cette année-là, Galilée se
mit à observer le ciel nocturne avec la lunette, qui
venait tout juste d'être inventée. En regardant ainsi
Jupiter, il découvrit que cette planète était accompa-
gnée de plusieurs petits satellites (ou lunes) qui tournaient autour d'elle. Cela laissait supposer que tout
ne devait pas tourner obligatoirement autour de la
Terre elle-même, comme Aristote et Ptolémée
l'entendaient. (Bien sûr, il était encore possible de
croire que la Terre était immobile au centre de l'Univers et que les lunes de Jupiter décrivaient des trajectoires extrêmement compliquées autour de la Terre,
donnant *l'illusion* de tourner autour de Jupiter.
Cependant, la conception de Copernic était bien plus
simple). A cette même époque, Johannes Kepler
modifia la théorie du prêtre polonais, en suggérant
que les planètes décrivent non plus des cercles mais
des ellipses (une ellipse est un cercle allongé). Les
prédictions correspondirent enfin aux observations.

Pour Kepler, les orbites elliptiques n'étaient
qu'une hypothèse *ad hoc*, et même plutôt désa-

gréable, car ces figures étaient manifestement moins parfaites que des cercles. Ayant découvert presque accidentellement que les orbites elliptiques rendaient bien compte des observations, Kepler ne pouvait les accorder avec son idée selon laquelle les planètes tournaient autour du Soleil en raison des forces magnétiques. L'explication fut fournie seulement beaucoup plus tard, en 1687, lorsque Newton publia ses *Philosophiae Naturalis Principia Mathematica*, probablement le travail le plus important jamais effectué en physique par un homme seul. Dans cet ouvrage, Newton échafaudait non seulement la théorie expliquant comment les corps se mouvaient dans l'espace et dans le temps, mais il y développait aussi les mathématiques complexes nécessaires à l'analyse de ces mouvements. De plus, le savant anglais proposait la loi de la gravitation universelle selon laquelle tout corps dans l'univers est attiré par tout autre corps selon une force d'autant plus grande que les corps sont plus massifs et plus proches; force qui fait que les objets tombent sur le sol. (L'histoire selon laquelle Newton fut mis sur la voie de cette découverte par une pomme qui lui serait tombée sur la tête est très certainement apocryphe. Tout ce que Newton a jamais dit à ce sujet est qu'il eut l'idée de la gravitation alors qu'il était assis « dans une attitude contemplative » et « qu'elle avait été occasionnée par la chute d'une pomme. ») Newton continuait en montrant que c'était bien la gravitation qui était responsable du mouvement elliptique de la Lune autour de la Terre, tout comme elle était également responsable des trajectoires elliptiques de la Terre et des planètes autour du Soleil.

Le modèle copernicien se débarrassait donc des sphères célestes de Ptolémée, et avec elles, de l'idée que l'Univers avait une frontière naturelle. Étant donné que les « étoiles fixes » ne semblaient pas changer de position – excepté leur mouvement d'ensemble

dans le ciel dû à la rotation de la Terre autour de son
axe –, il devenait tout naturel de supposer qu'elles
étaient des objets semblables à notre Soleil, mais
beaucoup plus éloignés.

Newton avait compris que, selon sa théorie de la
gravitation, les étoiles devaient s'attirer entre elles, et
que, apparemment, elles ne pouvaient fondamentalement pas rester au repos. Ne tomberaient-elles pas
toutes en un point? Dans une lettre de 1691 adressée
à Richard Bentley, autre penseur de premier plan de
cette époque, Newton affirma que ce serait certainement le cas si les étoiles en nombre fini étaient distribuées dans une région finie de l'univers. Mais il avait
calculé que si, au contraire, elles étaient en nombre
infini, distribuées plus ou moins uniformément dans
un espace infini, cela n'arriverait pas, car il n'existerait aucun point central vers lequel elles pourraient
alors tomber.

Cela est un exemple des pièges que l'on rencontre
a propos de l'infini. Dans un univers infini, chaque
point peut être considéré comme un centre parce que
chacun compte un nombre infini d'étoiles autour de
lui. L'approche correcte – qui ne fut effectuée que
beaucoup plus tard – consiste à prendre en compte la
situation finie, dans laquelle les étoiles tombent
toutes les unes sur les autres, et à se demander comment les choses évolueraient si l'on en prenait
d'autres en compte, distribuées à peu près uniformément en dehors de cette région. D'après la loi de
Newton, les étoiles supplémentaires ne devraient pas
causer la moindre différence en moyenne, et toutes
devraient tomber tout aussi vite. Ajoutons autant
d'étoiles que nous voulons, elles s'effondreront toujours
sur elles-mêmes. Nous savons aujourd'hui qu'il est
impossible d'avoir un modèle statique d'univers infini
dans lequel la gravitation soit toujours attractive.

Il est intéressant de remarquer que, dans le climat général de pensée précédant le xxe siècle, personne n'a suggéré que l'Univers pourrait se dilater ou se contracter. Il était généralement admis ou bien que l'univers existait depuis toujours dans un état inchangé, ou bien qu'il avait été créé à un instant précis du passé, plus ou moins semblable à ce qu'on observait aujourd'hui. Cela pouvait être dû en partie à la tendance humaine à croire en des vérités éternelles, aussi bien qu'au réconfort que l'homme trouvait à penser que, malgré le fait que les années s'envolaient et qu'il mourrait, l'Univers, lui, restait éternel et identique à lui-même.

Même ceux qui avaient compris que la théorie newtonienne de la gravitation démontrait que l'Univers ne pouvait pas être statique ne pensèrent pas à suggérer une expansion. A la place, ils entreprirent de modifier la théorie en rendant répulsive à grande distance la force gravitationnelle. Cela ne modifiait pas de façon significative leurs prédictions des mouvements des planètes, mais autorisait une distribution infinie d'étoiles à rester en équilibre stable — les forces attractives s'exerçant entre étoiles proches étant contrebalancées par les forces répulsives dues aux étoiles plus lointaines. Cependant, on sait aujourd'hui qu'un tel équilibre serait instable : si les étoiles d'une région quelconque venaient à se rapprocher un tant soit peu les unes des autres, les forces qui les attirent croîtraient jusqu'à prendre le pas sur les forces répulsives, de telle sorte que les étoiles continueraient à tomber les unes sur les autres. D'un autre côté, si les étoiles venaient à s'éloigner légèrement les unes des autres, les forces répulsives se mettraient à dominer et les écarteraient encore plus.

Généralement, on attribue au philosophe allemand Heinrich Olbers — qui traita de cette théorie en 1823 — une autre objection à un univers infini statique. En fait, plusieurs contemporains de Newton avaient déjà soulevé le problème et l'article d'Olbers ne fut pas le premier à présenter des arguments plausibles à son encontre. Toutefois, il fut le premier à être largement remarqué. La difficulté venait du fait que dans un univers statique infini, pratiquement toutes les lignes de visée devraient aboutir à la surface d'une étoile. Aussi devrait-on s'attendre à ce que tout le ciel soit aussi brillant que le Soleil, même la nuit. Le contre-argument d'Olbers était que la lumière des étoiles lointaines devait être affaiblie par de la matière interposée qui l'aurait absorbée. Cependant, si c'était le cas, cette matière aurait dû se réchauffer à la longue, jusqu'à rayonner aussi brillamment que les étoiles. La seule façon d'éviter la conclusion que l'ensemble du ciel nocturne devrait être aussi brillant que la surface du Soleil était alors d'admettre que les étoiles ne brillaient pas depuis toujours mais qu'elles s'étaient bel et bien allumées à un moment donné dans le passé. Alors, la matière interposée aurait pu ne pas avoir été suffisamment chauffée, ou la lumière des étoiles lointaines n'avoir pas encore eu le temps de nous atteindre. Et cela nous amène à la question de savoir ce qui aurait provoqué l'allumage initial des étoiles.

La naissance de l'Univers avait, bien sûr, déjà fait l'objet de discussions antérieures. Pour nombre de cosmologies anciennes et selon la tradition juive, chrétienne et musulmane, l'Univers est né à un instant donné, dans un passé pas très éloigné. En faveur d'une telle naissance, il y a le sentiment qu'il est nécessaire d'avoir une « Cause Première » pour expliquer son existence. (A l'intérieur de l'Univers, vous pouvez toujours expliquer un événement en tant que conséquence d'un événement antérieur, mais l'existence de l'Univers lui-même ne peut s'expliquer de cette façon que s'il a un commencement.) Un autre

argument, avancé par saint Augustin dans son
ouvrage *La Cité de Dieu*, fait remarquer que la civilisation avance et que nous nous souvenons de celui qui
accomplit tel haut fait ou développe telle technique.
Ainsi l'homme, et de la même manière peut-être
aussi l'Univers, n'auraient-ils pu exister depuis beaucoup plus longtemps. Saint Augustin admet la date
d'environ 5000 ans avant Jésus-Christ pour la création de l'Univers, date donnée par la Genèse. (Il est
intéressant de noter que cela n'est pas si loin de la
dernière glaciation qui se termina vers – 10 000 avant
Jésus-Christ, date que les archéologues avancent
comme véritable point de départ de notre civilisation.)

Aristote, comme la plupart des philosophes grecs,
n'aimait pas l'idée de création car elle présentait un
arrière-goût d'intervention divine. Il croyait par
conséquent que la race humaine et le monde qui
l'entoure existaient et existeraient à jamais. Les
Anciens reconnaissaient déjà la valeur de l'argument
du progrès mentionné plus haut et ils y répondaient
en professant que déluges et autres catastrophes
ramenaient périodiquement à chaque fois la race
humaine sur la ligne de départ.

Les questions relatives à la naissance de l'Univers
dans le temps et à sa limite dans l'espace furent par
la suite largement étudiées par le philosophe Emma-
nuel Kant dans son monumental (et très obscur)
ouvrage, *Critique de la raison pure*, publié en 1781.
Kant baptisa ces questions « antinomies » (c'est-à-
dire : contradictions) de la raison pure parce qu'il
estimait qu'il existait autant d'arguments – irréfu-
tables – en faveur de la thèse d'un Univers ayant
commencé un jour que de son antithèse, un Univers
ayant existé depuis toujours. Son argument en faveur
de la thèse était que si l'Univers n'avait pas eu de
commencement, il aurait dû y avoir une période infinie de temps avant tout événement, ce qu'il considé-

rait comme absurde; en faveur de l'antithèse, il pensait que si l'Univers avait eu un commencement, il y aurait eu une période infinie de temps avant ce début, alors pourquoi serait-il né à tel instant donné? En fait, thèse et antithèse sont exactement la même chose. Elles sont toutes deux fondées sur l'hypothèse kantienne non formulée d'un temps qui remonte indéfiniment dans le passé, que l'Univers ait existé depuis toujours ou non. Comme nous le verrons, le concept de temps n'a aucun sens avant la naissance de l'Univers. Cela fut pour la première fois remarqué par saint Augustin. A la question : « Que fit Dieu avant de créer l'Univers? » il ne répondait pas : « Il préparait l'Enfer pour ceux qui posent de telles questions. » Il préférait dire que le temps était une propriété de l'Univers que Dieu avait créé, et que le temps n'existait pas avant.

Lorsque les gens croyaient en un Univers fondamentalement statique et sans changement, la question de savoir s'il était né ou non n'intéressait que les métaphysiciens ou les théologiens. On pouvait rendre compte des observations aussi bien en penchant pour un univers ayant toujours existé qu'en soutenant la théorie d'un univers mis en mouvement à un instant donné et de telle sorte qu'il paraisse avoir toujours existé. Mais en 1929, Edwin Hubble fit une observation cruciale . où que nous regardions, les galaxies lointaines s'éloignent de nous à toute vitesse. Cela signifie qu'en des temps plus anciens, les objets avaient été plus proches les uns des autres. En fait, il semble qu'il y ait eu un moment, il y a dix ou vingt milliards d'années, où tous ces objets étaient exactement à la même place et où, par conséquent, la densité de l'Univers était infinie. Cette découverte amenait enfin la question de la naissance de l'Univers devant la Science.

Les observations de Hubble sous-entendaient qu'il

y avait eu un moment, baptisé le « Big Bang », où l'univers avait été infiniment petit et infiniment dense. Dans de telles conditions, toutes les lois de la physique, et par conséquent leur capacité à prévoir le futur, s'effondraient. Si des événements antérieurs à ce moment avaient jamais existé, ils ne pourraient affecter ce qui arrive dans notre temps. Leur existence peut donc être ignorée parce qu'ils n'auront aucune conséquence observationnelle. On peut dire que le temps a commencé au Big Bang, au sens où des temps antérieurs ne seront tout simplement pas définis. Insistons sur le fait que ce commencement dans le temps est très différent de ceux qui ont été examinés auparavant. Dans un Univers sans changement, le commencement dans le temps est quelque chose qui doit être imposé par un être situé hors de l'Univers; il n'y a aucune nécessité physique pour un tel début. On peut imaginer que Dieu a créé l'Univers littéralement à n'importe quel instant dans le passé. D'un autre côté, si l'Univers est en expansion, il peut y avoir des raisons physiques à sa naissance. On peut encore imaginer que Dieu a créé l'Univers à l'instant du Big Bang, ou même après, de façon qu'il ressemble à ce qu'il aurait dû être s'il y en avait eu un; mais ce serait un non-sens de supposer qu'il l'ait créé *avant*. Un Univers en expansion n'exclut pas la possibilité d'un créateur mais il définit l'instant où ce dernier aurait pu accomplir son œuvre!

Pour discuter de la nature de l'Univers et examiner des questions telles que son commencement ou sa fin, il nous faut bien comprendre ce qu'est une théorie scientifique. Considérons l'opinion naïve selon laquelle une théorie est un modèle d'Univers (ou d'une partie limitée de l'Univers) et un ensemble de règles mettant en relation des quantités issues du modèle et des observations. Elle n'existe que dans notre esprit et ne peut avoir d'autre réalité (quelle qu'en soit la signification). Une théorie sera valable si elle satisfait aux deux conditions suivantes : décrire avec exactitude une vaste catégorie d'observations sur la base d'un modèle qui ne contient que quelques éléments arbitraires, et faire des prédictions précises concernant les résultats d'observations futures. Exemple, la théorie d'Aristote selon laquelle tout était fait de quatre éléments, la terre, l'air, le feu et l'eau, était suffisamment simple pour effectuer des descriptions, mais elle ne permettait pas de prédiction précise. La théorie de la gravitation de Newton était fondée, elle, sur un modèle encore plus simple, dans lequel les corps s'attiraient l'un l'autre selon une force proportionnelle à une quantité appelée leur masse et inversement proportionnelle au carré de la distance qui les séparait. Cependant, elle prédisait les mouvements du Soleil, de la Lune et des planètes avec un haut degré d'exactitude.

Toute théorie physique est toujours provisoire en ce sens qu'elle n'est qu'une hypothèse : vous ne pourrez jamais la prouver. Peu importe le nombre de fois où les résultats d'une expérience s'accorderont avec une théorie donnée; vous ne pourrez jamais être sûr que, la fois suivante, ce résultat ne la contredira pas. Vous pouvez également réfuter une théorie en trouvant une observation unique qui ne cadre pas avec ses prédictions. Comme le philosophe des sciences Karl Popper l'a souligné, une bonne théorie se caractérise par le fait qu'elle fait un certain nombre de prédictions qui pourraient en principe être réfutées ou rendues fausses par l'observation. Chaque fois que de nouvelles expériences viendront corroborer les prédictions, la théorie sera confortée, et notre confiance en elle s'accroîtra; mais si jamais une nouvelle observation ne s'inscrit pas dans son cadre, il nous faudra l'abandonner ou la modifier. Du moins est-ce ce qu'il est supposé advenir, mais vous pourrez toujours mettre en doute la compétence de la personne qui a réalisé l'observation en question.

Dans la pratique, il arrive souvent qu'une nouvelle théorie soit réellement une extension de la théorie précédente. Par exemple, des observations très précises de la planète Mercure ont révélé de légères différences entre son mouvement et les prédictions newtoniennes de la théorie de la gravitation. La théorie de la Relativité Générale d'Einstein annonçait un mouvement légèrement différent de celui de la théorie de Newton. Le fait que les prédictions d'Einstein s'accordent à ce que l'on voyait, alors que celles de Newton ne le faisaient pas, fut l'une des confirmations cruciales de la nouvelle théorie. Cependant, nous utilisons toujours la théorie de Newton dans notre pratique quotidienne, car la différence entre ses prédictions et celles de la Relativité Générale est minime dans les situations auxquelles nous avons affaire normalement. (La théorie de Newton a aussi le grand avantage d'être plus aisée à manipuler que celle d'Einstein!).

L'ultime but de la science est de fournir une théorie unique qui décrive l'Univers dans son ensemble. Cependant, la plupart des scientifiques scindent le problème en deux. D'un côté, il y a les lois de la physique qui nous disent comment l'Univers évolue avec le temps. (Si nous savons à quoi ressemble l'Univers à chaque instant donné, ces lois physiques nous disent à quoi il ressemblera l'instant d'après.) De l'autre, il y a la question de son état initial. Certains estiment que la science ne devrait s'occuper que du premier aspect de la question et considèrent le problème de la situation initiale de l'Univers comme du ressort de la métaphysique ou de la religion. Ce qui signifierait que Dieu, étant omniprésent, aurait pu faire démarrer l'Univers à sa guise. Peut-être en est-il ainsi mais, dans ce cas, Dieu aurait dû aussi le développer d'une façon complètement arbitraire. Pourtant, il apparaît qu'il a choisi de le faire évoluer d'une façon très régulière, selon certaines lois. Il semble donc tout aussi raisonnable de supposer qu'il y a également des lois qui gouvernent son état initial.

On se rend compte qu'il est très difficile de concevoir une théorie qui décrive l'Univers d'un seul coup. A la place, on choisit de morceler le problème et d'inventer un certain nombre de théories partielles ; chacune d'elles décrivant et prédisant une certaine classe limitée d'observations, négligeant les effets de quantités autres, ou les représentant par de simples séries de nombres. Il se peut que cette approche soit complètement fausse. Si tout dans l'univers dépend de tout de façon fondamentale, il pourrait être impossible d'approcher une solution générale en traitant séparément les différentes parties du problème. Néanmoins, c'est assurément de cette façon que nous avons accompli quelques progrès dans le passé. L'exemple classique est encore celui de la théorie newtonienne de la gravitation, qui nous dit que la force gravitationnelle entre deux corps ne dépend que d'un nombre associé à chacun, leur masse, et est indépendante de ce dont ces corps sont constitués. Aussi n'a-t-on pas besoin d'avoir une théorie de la structure et de la constitution du Soleil et des planètes pour calculer leurs orbites.

Aujourd'hui, les savants décrivent l'Univers d'après deux théories partielles de base, la théorie de la Relativité Générale et la Mécanique Quantique. Ce sont les grandes réussites intellectuelles de la première moitié de ce siècle. La Relativité Générale décrit la force de gravité et la structure à grande échelle de l'univers, c'est-à-dire la structure à des échelles allant de quelques kilomètres à un million de milliards de milliards de kilomètres (un 1 suivi de 24

zéros), dimension de l'univers observable. La Méca
nique Quantique, elle, s'intéresse à des phénomènes à
échelle extrêmement réduite, comme le millionième
de millionième du centimètre. Malheureusement, ces
deux théories sont réputées incompatibles et ne
peuvent donc être justes en même temps. L'un des
plus grands efforts en physique aujourd'hui, et le
thème majeur de ce livre, porte sur la recherche
d'une nouvelle théorie qui les engloberait toutes les
deux – une théorie quantique de la gravitation. Nous
n'en disposons pas encore et il nous reste un long chemin à parcourir, mais nous connaissons déjà un grand
nombre des propriétés qu'elle devra satisfaire. Et
nous verrons, dans les chapitres suivants, tout ce que
nous savons déjà quant aux prédictions qu'une telle
théorie devrait énoncer.

Si vous pensez que l'Univers n'est pas arbitraire
mais qu'il est régi par des lois précises, vous devrez
en fin de compte combiner les théories partielles en
une théorie complètement unifiée qui décrira tout
dans l'univers. Seulement, il y a un paradoxe fondamental dans la recherche d'une telle théorie complètement unifiée. Les notions relatives aux théories
scientifiques que nous avons exposées plus haut sup-
posent que nous sommes des êtres rationnels, libres
d'observer l'Univers comme nous le voulons et de
tirer des déductions logiques à partir de ce que nous
voyons. Dans un tel schéma, il paraît raisonnable de
supposer que nous avons pu nous rapprocher de
plus en plus des lois qui régissent notre Univers.
Pourtant, s'il existe vraiment une théorie complètement unifiée, elle devrait aussi vraisemblablement
déterminer nos actions. Et ainsi, la théorie elle-
même devrait déterminer l'aboutissement de notre
recherche la concernant! Et pourquoi détermi-
nerait-elle que nous arrivons aux bonnes conclusions?
Ne pourrait-elle pas aussi bien déterminer le

contraire? Ou que nous n'arriverons à rien?

La seule réponse que je puisse apporter à ce problème repose sur le principe de la sélection naturelle de Darwin. L'idée est la suivante : dans toute population d'organismes capables de s'auto-reproduire, il y aura des variations dans le matériel génétique et dans l'éducation de chaque individu. Ces différences signifieront que certains d'entre eux seront plus aptes que d'autres à tirer les bonnes conclusions quant au monde qui les entoure, et à agir en conséquence. Ayant plus de chances que les autres de survivre et de se reproduire, leurs types de comportement et de pensée deviendront dominants. Il a certainement été vrai, dans le passé, que ce que nous appelons intelligence et découverte scientifique ont constitué un avantage en faveur d'une survie. Il n'est pas évident que cela soit encore le cas de nos jours : nos découvertes scientifiques peuvent nous détruire et, même si elles ne le font pas, une théorie complètement unifiée ne changera pas grand-chose à la situation. Cependant, à condition que l'Univers évolue de façon régulière, nous devrions nous attendre à ce que les capacités de raisonnement dont la sélection naturelle nous a pourvus soient également valables dans notre recherche d'une théorie complètement unifiée, et donc qu'elles ne nous conduisent pas à des conclusions fausses.

Comme les théories partielles dont nous disposons déjà sont suffisantes pour faire des prédictions exactes dans toutes les situations sauf les plus extrêmes, la recherche de la théorie fondamentale de l'univers semble difficile à justifier au niveau pratique. (Il vaut la peine de noter, cependant, que des arguments semblables auraient pu être utilisés à la fois contre la Relativité et la mécanique quantique, et que ces théories nous ont donné à la fois l'énergie nucléaire et la révolution de la microélectronique!)

La découverte d'une théorie complètement unifiée, donc, peut ne pas venir en aide à la survie de notre espèce. Elle peut même ne pas affecter du tout notre mode de vie. Mais jamais, depuis l'aube de la civilisation, les hommes ne se sont accommodés d'événements hors cadre et inexplicables. Ils ont toujours eu soif de comprendre l'ordre sous-jacent dans le monde. Aujourd'hui, nous avons encore très envie de savoir pourquoi nous sommes là et d'où nous venons. Ce désir de savoir, chevillé à l'humanité, est une justification suffisante pour que notre quête continue. Et notre but n'est rien moins qu'une description complète de l'Univers dans lequel nous vivons.

2

L'ESPACE ET LE TEMPS

Nos idées actuelles sur le mouvement des corps datent de Galilée et de Newton. Avant eux, les hommes croyaient Aristote, lorsque ce dernier avançait que l'état naturel d'un corps était d'être au repos et qu'il ne se déplaçait que sous l'action d'une force ou d'une poussée. Il s'ensuivait qu'un corps lourd devait tomber plus vite qu'un corps léger, parce qu'il subissait une plus grande attirance vers la Terre.

La tradition aristotélicienne soutenait également que l'on pouvait trouver toutes les lois qui régissent l'univers par la seule réflexion : vérifier par l'observation n'était pas nécessaire. Aussi, personne jusqu'à Galilée ne s'était-il donné la peine de voir si des corps de poids différents tombaient vraiment selon des vitesses différentes. On dit que Galilée montra qu'Aristote se trompait en laissant tomber des poids du haut de la tour penchée de Pise. L'histoire est presque certainement inexacte et Galilée a dû faire quelque chose comme laisser rouler des billes de poids différents sur une pente douce. La situation est semblable à celle de corps pesants tombant à la verticale, mais elle est plus facile à observer parce que les vitesses sont plus faibles. Les mesures de Galilée montrèrent que chaque corps voit sa vitesse augmenter dans la même proportion, quel que

soit son poids. Si vous laissez courir une bille sur une
pente qui descend de 1 mètre tous les 10 mètres,
la bille effectuera sa descente à la vitesse de
1 mètre par seconde après 1 seconde, 2 mètres par
seconde après 2 secondes, et ainsi de suite, quel que
soit le poids de la bille. Bien sûr, un poids supérieur
tombe plus vite qu'un poids moindre, mais c'est uniquement parce qu'un poids léger est ralenti par
la résistance de l'air. Si on laisse tomber deux corps
de poids différents qui ne présentent pas grande résistance à l'air, ils tomberont à la même vitesse.

Les mesures de Galilée furent utilisées par Newton
comme base de ses lois du mouvement. Dans les
expériences de Galilée, un corps roulant sur une
pente est toujours soumis à la même force (son poids)
dont l'effet augmenterait constamment sa vitesse.
Cela montre que la véritable action d'une force est
toujours de modifier la vitesse d'un corps, au lieu de
mettre simplement celui-ci en mouvement, comme on
le pensait précédemment. Cela signifie aussi que
lorsqu'un corps n'est soumis à aucune force, il continue à se déplacer en ligne droite à la même vitesse.
Cette notion fut pour la première fois explicitée dans
les *Principia Mathematica* de Newton, publiés en
1687, et elle est connue sous le nom de « première loi
de Newton ». Ce qui arrive à un corps lorsqu'une
force agit sur lui est énoncé par la « seconde loi de
Newton » : le corps accélérera (sa vitesse sera modifiée continûment) proportionnellement à l'intensité
de la force. (Exemple : pour une force deux fois plus
grande, l'accélération sera deux fois plus grande.)
L'accélération sera aussi plus faible si la masse du
corps (quantité de matière) est plus grande. (La
même force agissant sur un corps de masse deux fois
plus grande produira la moitié de l'accélération.) Un
exemple bien connu est celui d'une voiture : plus le
moteur est puissant, plus l'accélération est grande,

mais plus la voiture est lourde, plus l'accélération sera faible pour un même moteur.

En plus des lois du mouvement, Newton découvrit la loi de la force de gravité : tout corps attire tout autre corps selon une force proportionnelle à la masse de chacun des corps. Ainsi, la force agissant entre deux corps A et B devrait être deux fois plus forte si l'un des corps (disons le corps A) avait une masse double. C'est ce à quoi vous pourriez vous attendre, parce que l'on pourrait penser que le nouveau corps A est en fait constitué de deux corps ayant chacun la masse d'origine et attirant chacun le corps B selon la force d'origine. Donc, la force totale entre A et B devrait être le double de la force d'origine. Et si l'un des corps avait une masse double, et l'autre, une masse triple de celle de départ, alors la force qui les attirerait serait six fois plus forte. On voit maintenant pourquoi tous les corps tombent à la même vitesse : un corps ayant deux fois un poids donné subira une force de gravité le poussant doublement vers le bas, mais il aura aussi une masse double. Selon la seconde loi de Newton, ces deux effets s'annuleront exactement l'un l'autre, si bien que l'accélération sera la même dans tous les cas.

La loi de la gravitation de Newton nous dit également que plus les corps seront éloignés les uns des autres, plus la force d'attraction sera faible. Elle dit encore que l'attraction gravitationnelle d'une étoile sur un corps est exactement le quart de celle d'une étoile similaire qui serait située à mi-distance de ce corps. Elle prédit les orbites de la Terre, de la Lune et des planètes avec une grande exactitude. Si elle avait stipulé que l'attraction gravitationnelle d'une étoile diminue plus rapidement avec la distance, les orbites des planètes n'auraient pas été elliptiques, elles auraient été des spirales aboutissant au Soleil. Si elle avait diminué plus lentement, les forces gravitationnelles venant des étoiles éloignées auraient dominé celle venant de la Terre.

La grande différence entre les idées d'Aristote et celles de Galilée et de Newton est qu'Aristote croyait en un état préférentiel de repos que chaque corps adopterait s'il n'était soumis à aucune force ou à aucune poussée. En particulier, il pensait que la Terre était au repos. Mais il découle des lois de Newton qu'il n'y a pas de norme unique de repos. On pourrait aussi bien dire que le corps A est au repos et que le corps B se déplace à vitesse constante relativement au corps A, ou que le corps B est au repos et que c'est A qui se déplace. Par exemple, si l'on fait un moment abstraction de la rotation de la Terre et de son orbite autour du Soleil, on peut tout aussi bien dire que la Terre est au repos et que le train à sa surface se dirige vers le nord à cent cinquante kilomètres à l'heure, ou que c'est le train qui est au repos et la Terre qui se déplace vers le sud à cent cinquante kilomètres à l'heure. Si l'on avait fait des expériences dans ce train sur la chute des corps, toutes les lois de Newton auraient été conservées. Par exemple, en y jouant au ping-pong, on aurait trouvé que la balle obéissait aux lois de Newton exactement comme une balle sur une table qui aurait été installée sur la voie. Aussi n'y a-t-il aucun moyen de dire qui, du train ou de la Terre, est en mouvement.

L'absence de norme absolue de repos signifie que l'on ne peut déterminer si deux événements qui ont eu lieu à deux moments différents sont advenus dans la même position dans l'espace. Par exemple, supposons que notre balle de ping-pong dans le train rebondisse à la verticale, heurtant la table au même endroit à une seconde d'intervalle. Pour quelqu'un sur la voie, les deux rebonds sembleraient s'effectuer à une centaine de mètres l'un de l'autre parce que le train aurait avancé sur ses rails entre-temps. La nonexistence du repos absolu signifie donc que l'on ne peut donner à un événement une position absolue dans l'espace, comme le croyait Aristote. La localisation des événements et la distance entre eux différeraient donc pour une personne dans le train de celles évaluées par une autre sur la voie, et il n'y aurait aucune raison *a priori* de « préférer » la position de l'une plutôt que celle de l'autre.

Newton était très chagriné par cette absence de localisation absolue, ou d'espace absolu, comme on disait, parce que cela ne s'accordait pas avec sa notion d'un Dieu absolu. En fait, il refusa de l'admettre bien que cela fût sous-entendu par ses lois. Il fut sévèrement critiqué pour cette croyance irrationnelle par beaucoup de gens et plus particulièrement par l'évêque Berkeley, un philosophe qui pensait que tous les objets matériels, l'espace et le temps sont une illusion. Quand le célèbre Dr Johnson fut informé de l'opinion de Berkeley, il s'écria : « Je la réfute donc ! » et il heurta une grosse pierre du pied.

Aristote et Newton croyaient tous deux en un temps absolu. C'est-à-dire qu'ils pensaient que l'on pouvait mesurer sans ambiguïté l'intervalle de temps séparant deux événements et que cet intervalle serait le même quelle que soit la personne qui le mesure, pourvu que l'on se serve d'une bonne horloge. Le temps était encore complètement séparé et indépendant de l'espace. C'est ce que la plupart des gens considéreraient encore aujourd'hui comme une opinion sensée. Pourtant nous avons été amenés à modifier nos idées sur l'espace et le temps. Bien que ces notions qui nous semblent justes fonctionnent lorsqu'il s'agit de pommes ou de planètes qui se meuvent relativement lentement, elles ne sont plus du tout valables dans le cas d'objets se déplaçant à la vitesse de la lumière ou presque.

La lumière voyage à une vitesse finie, mais très

élevée; cela a été découvert pour la première fois en 1676 par l'astronome danois Ole Christensen Roemer. Celui-ci observa que les disparitions des lunes de Jupiter derrière cette planète n'étaient pas également espacées dans le temps, comme on aurait pu s'y attendre si les lunes avaient orbité à vitesse constante. Comme la Terre et Jupiter tournent autour du Soleil, la distance entre les deux planètes varie. Roemer remarqua que les éclipses des lunes de Jupiter étaient d'autant plus tardives que nous étions plus loin de la planète géante. Il affirma que c'était parce que la lumière de ses lunes mettait plus longtemps à nous atteindre quand nous en étions plus éloignés. Les mesures des variations de distance entre la Terre et Jupiter dont il disposait n'étant pas très exactes, il avança pour la vitesse de la lumière deux cent mille kilomètres par seconde environ alors que la valeur moderne est de trois cent mille kilomètres par seconde. Néanmoins, son exploit – non seulement Roemer prouvait que la lumière voyageait à une vitesse finie, mais encore avait-il mesuré cette vitesse – était remarquable, intervenant, comme ce fut le cas, onze ans avant la publication par Newton des *Principia Mathematica*.

Une véritable théorie de la propagation de la lumière ne fut élaborée qu'en 1865, quand le physicien britannique James Clerk Maxwell réussit à unifier les théories partielles qui jusqu'alors avaient été utilisées pour décrire les forces de l'électricité et du magnétisme. Les équations de Maxwell prédisaient qu'il pourrait y avoir des perturbations en forme d'onde dans le champ combiné électromagnétique, et que ces dernières se propageraient à une vitesse donnée, comme des rides à la surface d'un étang. Si la longueur d'onde de ces ondes (distance entre la crête d'une onde et la suivante) est d'un mètre ou plus, il s'agit de ce que nous appelons maintenant des ondes radio. Des longueurs d'onde plus courtes sont connues sous le nom d'ondes centimétriques (quelques centimètres) ou encore infrarouges (plus d'un dix millième de centimètre). La lumière visible a une longueur d'onde comprise seulement entre quarante et quatre-vingts millionièmes de centimètre. Les longueurs d'onde encore plus petites sont celles de l'ultraviolet, des rayons X et des rayons gamma.

La théorie de Maxwell prédisait que les ondes radio ou lumineuses se propageraient à une certaine vitesse, bien déterminée. Mais la théorie de Newton s'était débarrassée de la notion de repos absolu; donc, si la lumière était supposée se propager à une vitesse donnée, il faudrait préciser relativement à quoi cette vitesse donnée avait été mesurée. On fit appel à une substance appelée « éther », présente partout, même dans l'espace « vide ». Les ondes lumineuses se propageraient à travers l'éther comme les ondes sonores à travers l'air, et leur vitesse serait donc relative à ce milieu. Différents observateurs, en mouvement par rapport à l'éther, verraient donc la lumière arriver dans leur direction à des vitesses différentes, mais la vitesse de la lumière par rapport à l'éther resterait fixe. En particulier, comme la Terre est en mouvement dans l'éther sur son orbite autour du Soleil, la vitesse de la lumière mesurée dans la direction du mouvement de la Terre dans l'éther (lorsque nous nous déplaçons en direction de la source de lumière) devrait être plus élevée que la vitesse de la lumière perpendiculaire à ce mouvement (lorsque nous ne nous déplaçons pas vers la source lumineuse). En 1887, Albert Michelson (qui par la suite devait être le premier Américain à recevoir le prix Nobel de physique) et Edward Morley firent une expérience très minutieuse à la Case School of Applied Science à Cleveland. Ils comparèrent la vitesse de la lumière dans la direction du mouvement de la Terre et perpendiculairement à ce mouvement. A leur grande surprise, ils trouvèrent deux valeurs exactement identiques!

Entre 1887 et 1905, il y eut plusieurs tentatives, en particulier celle du physicien hollandais Hendrick Lorentz, pour expliquer les résultats de l'expérience de Michelson-Morley en termes d'objets contractés et d'horloges ralentissant en voyageant à travers l'éther. Cependant, dans un article célèbre paru en 1905, un employé jusque-là inconnu du Bureau des brevets en Suisse, Albert Einstein, fit remarquer que toute idée d'éther était inutile pourvu que l'on veuille bien abandonner l'idée de temps absolu. Une remarque semblable fut faite quelques semaines plus tard par un grand mathématicien français, Henri Poincaré. Les arguments d'Einstein étant de nature plus physique que ceux de Poincaré – qui avait abordé le problème en mathématicien –, Einstein est habituellement crédité de la nouvelle théorie, mais on doit se souvenir de Poincaré comme d'un nom attaché à une partie importante de cette théorie.

Le postulat fondamental de la théorie de la Relativité, comme on l'appela, c'est que les lois de la physique devraient être les mêmes pour tous les observateurs se mouvant librement, quelle que soit leur vitesse. C'était vrai pour les lois newtoniennes du mouvement, mais maintenant, cette idée était étendue jusqu'à inclure la théorie de Maxwell et la vitesse de la lumière : tous les observateurs devraient mesurer la même vitesse pour la lumière, quelle que soit la vitesse de leur déplacement. Cette notion simple a quelques conséquences remarquables. Peut-être les plus connues sont-elles l'équivalence de la masse et de l'énergie, résumée dans la célèbre équation d'Einstein $E = mc^2$ (où E est l'énergie, m la masse et c la vitesse de la lumière), et la loi voulant que rien ne peut se déplacer plus vite que la lumière. Par suite de l'équivalence entre énergie et masse, l'énergie qu'un objet possède en raison de son mouvement augmentera sa masse et, par conséquent, il lui deviendra encore plus difficile d'augmenter sa vitesse. Cet effet n'est réellement significatif que pour des objets se déplaçant à des vitesses proches de celle de la lumière. Par exemple, à 10 % de la vitesse de la lumière, la masse d'un objet n'est que de 0,5 % supérieure à l'ordinaire, alors qu'à 90 % de la vitesse de la lumière, l'objet verra sa masse plus que multipliée par deux. S'il approche la vitesse de la lumière, sa masse augmentera toujours plus vite, de telle sorte que cela lui demandera de plus en plus d'énergie pour aller toujours plus vite. Il ne pourra en fait jamais atteindre la vitesse de la lumière, parce que alors sa masse devrait être infinie, et qu'en raison de l'équivalence entre sa masse et son énergie, cela lui demanderait une quantité infinie d'énergie pour y arriver. C'est ainsi que tout objet normal en est à tout jamais réduit par la Relativité à se mouvoir à des vitesses inférieures à celle de la lumière. Seule la lumière, ou d'autres phénomènes dénués de masse intrinsèque, peuvent l'atteindre.

Autre conséquence remarquable de la Relativité : la révolution qu'elle a semée dans nos idées sur l'espace et le temps. Dans la théorie de Newton, si un éclair lumineux est envoyé d'un endroit à un autre, différents observateurs seront d'accord sur le temps que le voyage aura pris (étant donné que le temps est absolu), mais ne seront pas toujours d'accord sur la distance que la lumière aura parcourue (étant donné que l'espace n'est pas absolu). Comme la vitesse de la lumière n'est que la distance qu'elle a parcourue divisée par le temps qu'elle a mis pour le faire, des observateurs différents devraient mesurer des vitesses différentes pour la lumière. En Relativité, au contraire, tous les observateurs sont d'accord sur la vitesse de la lumière. Ils ne sont cependant pas d'accord sur la distance parcourue, aussi doivent-ils également être en désaccord sur la durée du trajet. (Cette durée n'est, après tout, que la distance que la lumière a parcourue – sur laquelle les observateurs ne sont pas d'accord – divisée par la vitesse de la lumière – sur laquelle ils sont d'accord.) En d'autres termes, la théorie de la Relativité a mis un terme à l'idée de temps absolu! Il est alors apparu que chaque observateur devrait avoir sa propre mesure de temps, effectuée par une horloge qu'il emporterait avec lui, et que des horloges identiques, aux mains d'observateurs différents, ne devraient pas nécessairement indiquer la même chose.

Chaque observateur devrait utiliser un émetteur pour dire où et quand un événement a lieu en envoyant un éclair lumineux ou des ondes radio. Une partie de l'éclat sera renvoyée à l'événement et l'observateur mesurera le temps mis pour recevoir cet écho. Le temps de l'événement est alors réputé être la moitié de celui qui s'est écoulé entre le moment où l'éclair a été envoyé et celui où sa réflexion a été reçue; la distance de l'événement est la moitié du temps pris pour ce voyage aller-retour, multipliée par la vitesse de la lumière. (Un événement, dans ce sens, est quelque chose qui a lieu en un point unique de l'espace, à un instant précis dans le temps.) Cette idée est illustrée sur la fig. 2.1, exemple de diagramme espace-temps. En utilisant cette procédure, les observateurs qui se déplacent relativement les uns par rapport aux autres assigneront des temps et des positions différents au même événement. Aucune mesure d'un observateur particulier ne sera plus correcte qu'une autre, mais toutes les mesures seront relatives. Tout observateur peut trouver précisément le temps et la position que tout autre observateur assignera à un événement, pourvu qu'il connaisse sa vitesse relative.

De nos jours, nous utilisons cette méthode pour mesurer les distances avec exactitude, parce que nous pouvons mesurer le temps plus exactement que la longueur. En effet, le mètre est défini comme la distance parcourue par la lumière en 0,000000003335640952 seconde, mesurée par une horloge au césium. (La raison de ce nombre particulier est qu'il correspond à la définition historique du mètre, deux marques sur une barre de platine conservée à Paris.) De façon équivalente, nous pouvons utiliser une nouvelle unité de longueur plus pratique, que l'on appelle la seconde-lumière. On la définit absolument comme la distance que la lumière parcourt en 1 seconde. Dans la théorie de la Relativité, nous définissons maintenant les distances en termes de temps et de vitesse de la lumière, d'où il s'ensuit automatiquement que chaque observateur mesurera la même vitesse de la lumière (par définition, 1 mètre par 0,000000003335640952 seconde). Nul besoin d'introduire l'idée d'un éther, dont la présence de toute façon n'a pas été détectée, comme l'expérience de Michelson-Morley l'a montré. La théorie de la Relativité, cependant, nous force à modifier fondamentalement nos idées sur l'espace et le temps. Nous devons accepter que le temps ne soit pas complètement séparé de l'espace ni indépendant de lui, mais qu'il se combine à lui pour former un objet appelé « espace-temps ».

On sait que l'on peut décrire la position d'un point dans l'espace grâce à trois nombres, ses coordonnées. Par exemple, on peut dire qu'un point dans une pièce est à 2 mètres d'un mur, 1 mètre d'un autre et à 1,50 mètre au-dessus du plancher. On pourrait aussi spécifier qu'un point est à une certaine latitude, à une certaine longitude et à une certaine hauteur au-dessus du niveau de la mer. On est libre d'utiliser toutes coordonnées adéquates, bien qu'elles n'aient qu'une portée limitée de validité : on ne pourrait guère spécifier la position de la Lune en termes de kilomètres au nord et à l'est de Piccadilly Circus et de pieds au-dessus du niveau de la mer. En revanche, il sera plus aisé de la définir en termes de distance au Soleil, de distance au plan des orbites des planètes et d'angle entre la droite joignant la Lune au Soleil et celle joignant le Soleil à une étoile proche comme Alpha du Centaure. Ces coordonnées elles-mêmes ne seraient pas non plus d'une grande utilité pour décrire la position du Soleil dans notre Galaxie ou la position de notre Galaxie dans le Groupe Local. En fait, on peut décrire tout l'univers selon une collection de trames de références se chevauchant. Sur chacune d'elles, on peut utiliser un ensemble différent de trois coordonnées pour spécifier la position d'un point.

Un événement est quelque chose qui arrive en un point particulier de l'espace à un moment particulier. Aussi peut-on le spécifier par quatre nombres ou coordonnées. Encore une fois, le choix des coordonnées est arbitraire; on peut utiliser n'importe quelles coordonnées spatiales bien définies et n'importe quelle mesure du temps. En Relativité, il n'y a pas de véritable distinction entre l'espace et les coordonnées de temps, tout comme il n'y a pas de véritable différence entre deux coordonnées de l'espace. On pourrait choisir un nouvel ensemble de coordonnées dans lequel la première coordonnée spatiale serait, mettons, la combinaison des anciennes première et seconde coordonnées. Par exemple, au lieu de mesurer la position d'un point sur la Terre en kilomètres au nord et en kilomètres à l'est de Piccadilly, on pourrait utiliser les kilomètres au nord-est de Piccadilly et les kilomètres au nord-ouest de Piccadilly. De la même façon, en Relativité, on pourrait utiliser une nouvelle coordonnée de temps qui serait l'ancien temps (en secondes) plus la distance (en seconde-lumière) au nord de Piccadilly.

Il est souvent salutaire de penser aux quatre coordonnées d'un événement comme caractérisant sa position dans un espace à quatre dimensions appelé espace-temps. Il est impossible d'imaginer un espace à quatre dimensions. Personnellement, je trouve déjà difficile de visualiser l'espace à trois dimensions! Cependant, il est facile de tracer des diagrammes à deux dimensions, comme l'est la surface de la Terre. (On dit que la surface de la Terre est à deux dimensions parce que la position d'un point peut y être spécifiée par deux coordonnées, latitude et longitude.) J'utiliserai généralement des diagrammes dans lesquels le temps croîtra verticalement et où l'une des dimensions spatiales sera indiquée horizontalement. Les deux autres dimensions spatiales seront négligées ou, parfois, l'une d'elles sera indiquée en perspective. (On les appelle des diagrammes d'espace-temps, comme sur la fig. 2.1.) Par exemple, sur la fig. 2.2, le temps est mesuré verticalement en années et la distance le long de la ligne allant du Soleil à Alpha du Centaure est mesurée horizontalement en kilomètres. Les trajets du Soleil et d'Alpha du Centaure à travers l'espace-temps apparaissent en lignes verticales, à droite et à gauche du diagramme. Un rayon de lumière venant du Soleil suit la diagonale et met quatre ans pour aller du Soleil à Alpha du Centaure.

Comme nous l'avons vu, les équations de Maxwell prédisaient que la vitesse de la lumière devrait être la même quelle que soit la vitesse de la source, et cela a été confirmé par des mesures précises. Il s'ensuit que si un éclair de lumière est émis à un instant particulier en un point particulier de l'espace, au fur et à mesure que le temps s'écoulera, cet éclair grandira comme une sphère de lumière dont la grandeur et la position seront indépendantes de la vitesse de la

source. Après un millionième de seconde, la lumière
se sera étendue jusqu'à former une sphère de trois
cents mètres de rayon; après deux millionièmes de
seconde, ce rayon sera de six cents mètres; et ainsi de
suite, comme les rides qui s'étendent à la surface
d'un étang quand un caillou y a été lancé. Les rides
s'étendent en un cercle qui s'élargit au fur et à
mesure que le temps passe. Si l'on pense à un modèle
en trois dimensions constitué par la surface à deux
dimensions de l'étang et la dimension temps, le cercle
en question formera un cône dont le sommet sera
situé à l'endroit et au moment où la pierre aura
frappé l'eau (fig. 2.3). De façon similaire, la lumière
issue d'un événement forme un cône à trois dimensions dans l'espace-temps à quatre dimensions. Ce
cône est appelé le « cône de lumière future » de l'événement. De la même manière, nous pouvons dessiner
un autre cône, appelé le « cône de lumière passée »,
qui est l'ensemble des événements d'où un éclair
lumineux peut atteindre l'événement en question
(fig. 2.4).

Les cônes de lumière passée et future d'un événement P divisent l'espace-temps en trois régions
(fig. 2.5). Le « futur absolu » de l'événement est la
région intérieure du cône de lumière future de P.
C'est l'ensemble de tous les événements qui peuvent
être influencés par ce qui arrive en P. Les événements hors du cône de lumière de P ne peuvent être
atteints par les signaux venant de P parce que rien ne
peut voyager plus vite que la lumière. Donc, ils ne
peuvent pas être affectés par ce qui arrive en P. Le
« passé absolu » de P est la région à l'intérieur du
cône de lumière passée. C'est l'ensemble de tous les
événements d'où les signaux voyageant à la vitesse de
la lumière ou presque peuvent atteindre P. C'est donc
l'ensemble de tous les événements qui peuvent affecter ce qui arrive en P. Si l'on connaît ce qui arrive à

tout instant particulier partout dans la région de l'espace qui s'étend à l'intérieur du cône de lumière passée de P, on peut prédire ce qui arrivera en P. « L'ailleurs » est la région de l'espace-temps qui ne s'étend dans aucun des cônes de lumière – passée ou future – de P. Les événements dans « l'ailleurs » ne peuvent affecter les événements en P, ni en être affectés. Par exemple, si le Soleil devait cesser de briller à un instant précis, cela n'affecterait pas les choses sur la Terre au même moment parce que celle-ci serait dans l'ailleurs de l'événement Soleil-venant-de-s'éteindre (fig. 2.6). Nous ne saurions cela qu'après huit minutes, temps que la lumière met à nous parvenir du Soleil. Ce n'est qu'à partir de là que les événements sur Terre s'étendraient dans le cône de lumière future de l'événement qui aurait vu le Soleil s'éteindre; de façon similaire, nous ne savons pas ce qui arrive en ce moment au loin dans l'univers : la lumière que nous captons en provenance des galaxies lointaines les a quittées il y a quelque huit milliards d'années de cela. Aussi, lorsque nous regardons une région de l'univers, la voyons-nous comme elle était dans le passé.

Si l'on néglige les effets gravitationnels, comme le firent Einstein et Poincaré en 1905, on a ce que l'on appelle la théorie de la Relativité Restreinte. Pour chaque événement dans l'espace-temps, nous pouvons construire un cône de lumière (l'ensemble de tous les rayons lumineux dans l'espace-temps émissibles à cet instant); et puisque la vitesse de la lumière est la même à chaque événement et dans toutes les directions, tous les cônes de lumière seront identiques et iront tous dans la même direction. La théorie nous dit aussi que rien ne peut voyager plus vite que la lumière. Cela signifie que la trajectoire de tout objet à travers l'espace et le temps peut être représentée par une droite qui s'étend à l'intérieur du cône de lumière pour tout événement figurant sur cette droite (fig. 2.7).

La théorie de la Relativité Restreinte expliqua de façon très efficace le fait que la vitesse de la lumière apparaisse la même à tous les observateurs (comme l'a prouvé l'expérience de Michelson-Morley) et ce qui arrive lorsque les choses se meuvent à des vitesses proches de celle de la lumière. Cependant, elle était incompatible avec la théorie newtonienne de la gravitation, qui disait que les objets s'attirent les uns les autres selon une force qui dépend de la distance qui les sépare. Cela signifiait que si l'on changeait de place l'un des objets, la force exercée sur l'autre serait instantanément modifiée. Ou, en d'autres termes, que les effets gravitationnels devraient voyager à une vitesse infinie, et non à une vitesse égale ou inférieure à celle de la lumière, comme la théorie de la Relativité Restreinte l'exigeait; Einstein fit nombre d'essais infructueux entre 1908 et 1914 pour trouver une théorie de la gravitation qui soit compatible avec la Relativité Restreinte. Finalement, en 1915, il proposa ce que nous appelons maintenant la théorie de la Relativité Générale.

Einstein avança la suggestion révolutionnaire que la gravitation n'était pas une force comme les autres, mais une conséquence du fait que l'espace-temps n'est pas plat, ce qui avait déjà été envisagé : il est courbe, ou « gauchi » par la distribution de masse et d'énergie qu'il contient. Des corps comme la Terre ne sont pas obligés de se mouvoir sur des orbites courbes à cause d'une force appelée gravitation; ils suivent en fait ce qui se rapproche le plus d'une trajectoire rectiligne dans un espace courbe, c'est-à-dire une géodésique. Une géodésique est la plus courte (ou la plus longue) trajectoire entre deux points voisins. Par exemple, la surface de la Terre est un espace courbe à deux dimensions. Une géodésique sur la Terre est appelée un grand cercle et c'est le plus court chemin entre deux points (fig. 2.8). Comme la géodésique est la trajectoire la plus courte entre deux aéroports quelconques, c'est la route qu'un navigateur indiquera au pilote de l'avion. En Relativité Générale, les corps suivent toujours des lignes droites dans un espace-temps à quatre dimensions, mais ils nous apparaissent néanmoins se mouvoir le long de trajectoires courbes dans notre espace-temps à trois dimensions. (C'est un peu comme regarder un avion survoler un sol accidenté. Bien qu'il suive une ligne droite dans l'espace à trois dimensions, son ombre suit une trajectoire courbe sur le sol à deux dimensions.)

La masse du Soleil incurve l'espace-temps de telle sorte que, bien que la Terre suive une trajectoire droite dans un espace-temps à quatre dimensions, elle nous apparaît comme se mouvant le long d'une orbite dans un espace à trois dimensions. En fait, les orbites des planètes prédites par la Relativité Générale sont très exactement les mêmes que celles prédites par la théorie newtonienne de la gravitation. Cependant, dans le cas de Mercure, la planète la plus proche du Soleil qui en ressent les effets gravitationnels le plus fortement et dont l'orbite est un peu plus allongée, la Relativité Générale prédit que le grand axe de l'ellipse devrait tourner autour du Soleil au rythme d'environ un degré tous les dix mille ans. Aussi petit que soit cet effet, il avait été remarqué avant 1915 et a été l'une des premières confirmations de la théorie d'Einstein. Au cours des dernières années, les déviations encore plus faibles des autres planètes par rapport aux prédictions newtoniennes ont été mesurées grâce au radar et sont en accord avec les prédictions de la Relativité Générale.

Les rayons lumineux aussi doivent suivre des géodésiques de l'espace-temps. Encore une fois, le fait que l'espace soit courbe signifie que la lumière ne peut plus apparaître dorénavant comme voyageant en ligne droite dans l'espace. Ainsi, la Relativité Générale prédit-elle que la lumière devrait être déviée par les champs gravitationnels. La théorie prédit par exemple que les cônes de lumière de points proches du Soleil sont légèrement incurvés à cause de la masse du Soleil. Cela signifie que la lumière d'une étoile lointaine qui passerait près du Soleil serait très légèrement déviée, ce qui fait que l'étoile n'apparaîtrait pas au bon endroit pour un observateur sur Terre (fig. 2.9). Bien sûr, si la lumière venue de l'étoile passait toujours près du Soleil, nous ne serions pas capables de dire si elle est déviée ou si l'étoile se trouve réellement là où nous la voyons. Cependant, comme la Terre tourne autour du Soleil, des étoiles différentes ont l'occasion de passer derrière lui et leur lumière d'être alors déviée. Elles changent donc de position apparente par rapport aux autres étoiles.

Il est très difficile normalement de voir cet effet, parce que la lumière provenant du Soleil rend impossible l'observation d'étoiles proches de lui dans le ciel. Cependant, il est possible de le détecter durant une éclipse de Soleil, lorsque la lumière de ce dernier est stoppée par la Lune. La prédiction d'Einstein sur la déviation de la lumière ne put être immédiatement vérifiée en 1915, à cause de la Première Guerre mondiale; et ce n'est qu'en 1919 qu'une expédition britannique, observant une éclipse en Afrique-Occidentale, en apporta la preuve. Cette confirmation d'une théorie allemande par des savants anglais fut saluée comme un grand acte de réconciliation entre les deux pays. Il est donc assez drôle qu'un examen postérieur des photographies prises lors de cette expédition montre des erreurs aussi importantes que l'effet qu'elles étaient censées mesurer. Les mesures de l'époque découlèrent de la chance pure et simple, et sont typiques du cas où l'on connaît à l'avance le résultat que l'on veut obtenir; cela n'est pas si rare en science. La déviation de la lumière a été, cependant, confirmée avec exactitude par nombre d'observations ultérieures.

Autre prédiction de la Relativité Générale : le temps devrait apparaître comme coulant moins vite près d'un corps massif comme la Terre. Cela à cause d'une relation entre l'énergie de la lumière et sa fréquence (c'est-à-dire le nombre d'ondes de lumière par seconde) : plus l'énergie est grande, plus la fréquence est haute. Comme la lumière voyage vers le haut dans le champ gravitationnel de la Terre, elle perd de l'énergie, et ainsi sa fréquence baisse. (Cela signifie que la longueur de l'intervalle de temps entre la crête d'une onde et la suivante augmente.) Pour quelqu'un situé très au-dessus, il apparaîtrait que toute chose très en dessous prendrait plus de temps pour arriver. Cette prédiction fut mise à l'épreuve en 1962, à l'aide d'une paire d'horloges très exactes installées au sommet et au pied d'une tour. On trouva que l'horloge du pied, qui était la plus proche de la Terre, marchait plus lentement, en accord exact avec la Relativité Générale. La différence de vitesse des horloges à différentes hauteurs au-dessus de la Terre est de nos jours d'une importance pratique considérable avec l'avènement de systèmes de navigation très exacts basés sur des signaux de satellites. Si l'on n'avait tenu aucun compte des prédictions de la Relativité Générale, les positions que l'on aurait ainsi calculées auraient été fausses de plusieurs kilomètres.

Les lois newtoniennes du mouvement ont mis fin à l'idée de position absolue dans l'espace. La théorie de la Relativité s'est débarrassée du temps absolu. Considérons une paire de jumeaux. Supposons qu'un jumeau aille vivre au sommet d'une montagne pendant que l'autre reste au niveau de la mer. Le premier jumeau devrait vieillir plus vite que le second.

Donc, lorsqu'ils se rencontreront à nouveau, l'un devra être plus vieux que l'autre. Dans leur cas, la différence d'âge serait minime, mais elle serait plus grande si l'un des jumeaux partait pour un long voyage dans un vaisseau spatial à une vitesse proche de celle de la lumière. A son retour, le voyageur devrait être beaucoup plus jeune que son frère resté sur Terre. C'est ce que l'on appelle le « paradoxe des jumeaux », mais ce n'est un paradoxe que pour qui conserve une idée de temps absolu derrière la tête. En Relativité, il n'y a pas de temps absolu unique, chaque individu a sa propre mesure personnelle du temps qui dépend du lieu où il est et de la manière dont il se déplace.

Avant 1915, l'espace et le temps étaient perçus comme une arène figée dans laquelle les événements advenaient, elle-même n'étant nullement affectée par ce qu'il y advenait. C'était vrai même de la théorie de la Relativité Restreinte. Les corps se mouvaient, les forces attiraient et repoussaient, mais le temps et l'espace continuaient, tout simplement, sans altération. Il était naturel de penser que l'espace et le temps coulaient à jamais.

La situation, cependant, est tout à fait différente dans la théorie de la Relativité Générale. L'espace et le temps sont maintenant des quantités dynamiques : quand un corps se meut, ou quand une force agit, cela affecte la courbure de l'espace et du temps – et en retour, la structure de l'espace-temps affecte la façon dont les corps se meuvent et dont les forces agissent. L'espace et le temps n'affectent pas seulement tout ce qui arrive dans l'univers, ils en sont aussi affectés. Tout comme l'on ne peut parler d'événement dans l'univers sans notions d'espace et de temps, il est devenu dénué de sens en Relativité Générale de parler de l'espace et du temps hors des limites de l'univers.

Au cours de ces dernières décennies, cette nouvelle compréhension de l'espace et du temps a révolutionné notre conception de l'univers. L'ancienne notion d'un univers fondamentalement sans changement, qui aurait existé et qui continuerait à exister, a été remplacée pour toujours par la notion d'un univers dynamique, en expansion, qui semble avoir commencé il y a un temps fini, et qui pourrait se terminer à un instant donné dans le futur. Cette révolution est le sujet du chapitre suivant. Et des années plus tard, cela devait être aussi le point de départ de mon travail en physique théorique. Roger Penrose et moi-même avons montré que la théorie d'Einstein de la Relativité Générale suggérait que l'univers devait avoir un commencement et, peut-être, une fin.

3

L'UNIVERS EN EXPANSION

Si l'on regarde le ciel par une claire nuit sans lune, les objets les plus brillants que l'on apercevra seront certainement les planètes Vénus, Mars, Jupiter et Saturne. Il y aura aussi un très grand nombre d'étoiles, qui sont des Soleils semblables au nôtre mais beaucoup plus éloignés. Quelques-unes de ces étoiles fixes semblent modifier très légèrement leurs positions relativement les unes aux autres au fur et à mesure que la Terre tourne autour du Soleil : elles ne sont pas vraiment fixes ! Mais c'est parce qu'elles sont relativement près de nous. Comme la Terre tourne autour du Soleil, nous les voyons depuis des positions différentes sur le fond des étoiles plus loin-taines. C'est heureux, parce que cela nous permet de mesurer directement la distance de ces étoiles : plus elles sont proches de nous, plus elles semblent bou-ger. L'étoile la plus proche, Proxima du Centaure, est ainsi à environ quatre années-lumière (sa lumière met à peu près quatre ans pour atteindre la Terre), ou à environ quarante mille milliards de kilomètres. La plupart des autres étoiles visibles à l'œil nu se tiennent en deçà de quelques centaines d'années-lumière de nous. Notre Soleil, par comparaison, n'est, lui, qu'à huit petites minutes-lumière ! Les étoiles visibles semblent occuper l'ensemble du ciel noc-

turne, mais elles sont particulièrement concentrées
dans une bande que nous appelons la Voie Lactée.
Dès 1750, quelques astronomes suggérèrent que la
Voie Lactée s'expliquerait si la plupart des étoiles
visibles se trouvaient groupées en une configuration
ayant la forme d'un disque, exemple de ce que nous
appelons aujourd'hui une galaxie spirale. Quelques
dizaines d'années après, l'astronome Sir William
Herschel confirma cette hypothèse en répertoriant
avec soin les positions et les distances d'un grand
nombre d'étoiles. Mais même alors, cette idée ne fut
pas pleinement acceptée; elle ne le serait qu'au début
de ce siècle, d'ailleurs.

Notre représentation moderne de l'univers date de
1924, lorsque l'astronome américain Edwin Hubble
démontra que notre Galaxie n'était pas unique en son
genre et qu'il y en avait beaucoup d'autres, avec de
grandes zones de vide entre elles. Pour le prouver, il
lui fallut déterminer les distances de ces autres
galaxies situées si loin de nous que, contrairement
aux étoiles proches, elles nous apparaissent réellement fixes. Hubble fut donc forcé de recourir à des
méthodes indirectes. La brillance apparente d'une
étoile dépend de deux facteurs : la quantité de
lumière qu'elle rayonne (sa luminosité), et sa distance par rapport à nous. Pour les étoiles proches,
nous pouvons mesurer leur brillance apparente et
leur distance, et déterminer ainsi leur luminosité.
Réciproquement, si nous connaissons la luminosité
d'étoiles appartenant à d'autres galaxies, nous pourrions trouver leur distance en mesurant leur brillance
apparente. Hubble remarqua que certains types
d'étoiles avaient toujours la même luminosité à condition qu'elles soient suffisamment proches pour qu'on
puisse la mesurer; donc, affirmait-il, si nous trouvions
des étoiles du même type dans une autre galaxie,
nous pourrions supposer qu'elles ont la même lumino-

sité – et ainsi calculer la distance de cette galaxie. Si nous pouvions le faire pour un certain nombre d'étoiles dans une même galaxie, nos calculs débouchant toujours sur une même distance, nous pourrions honnêtement avoir confiance dans notre estimation de distance de cette galaxie.

Edwin Hubble effectua les calculs pour neuf galaxies différentes. Nous savons maintenant que notre Galaxie n'est que l'une des centaines de milliards de galaxies que nous montrent les télescopes modernes, chaque galaxie elle-même contenant quelques centaines de milliards d'étoiles. La fig. 3.1 représente une galaxie spirale semblable à ce à quoi nous pensons que la nôtre doit ressembler pour un habitant d'une autre galaxie. Nous vivons dans une galaxie qui a environ cent mille années-lumière de diamètre et qui tourne lentement sur elle-même; les étoiles de ses bras spiraux tournent autour de son centre en quelques centaines de millions d'années. Notre Soleil n'est qu'une étoile ordinaire, jaune et de grandeur moyenne, près du bord intérieur de l'un des bras spiraux. Quel chemin parcouru depuis Aristote et Ptolémée, quand nous pensions que la Terre était le centre de l'Univers !

Les étoiles sont si loin qu'elles semblent n'être que des têtes d'épingles de lumière. Nous ne pouvons voir ni leur grandeur ni leur forme. Aussi, comment pouvons-nous à distance distinguer différents types d'étoiles ? Pour la grande majorité d'entre elles, il n'y a qu'un trait caractéristique que nous puissions observer : la couleur de leur lumière. Newton a découvert que si la lumière venant du Soleil traversait un morceau de verre de forme triangulaire – un prisme – elle se décomposait en ses couleurs de base (son spectre), comme dans l'arc-en-ciel. En braquant un télescope sur une étoile individuelle ou sur une galaxie, on peut, de façon similaire, observer le spectre de la lumière venant de cette étoile ou de cette galaxie. Des étoiles différentes ont des spectres différents, mais la brillance relative des différentes couleurs est toujours exactement ce que l'on s'attend à trouver dans la lumière émise par un objet porté à incandescence. (En fait, la lumière émise par tout objet opaque porté au rouge a un spectre caractéristique qui ne dépend que de sa température : un spectre thermique. Cela signifie que nous pouvons parler de température stellaire à partir d'un spectre de lumière d'étoiles.) De plus, nous trouvons que certaines couleurs très spécifiques sont quelquefois absentes; ces couleurs manquantes peuvent varier d'une étoile à une autre. Depuis que nous savons que chaque élément chimique absorbe un ensemble très caractéristique de couleurs spécifiques, il suffit de comparer ces dernières à celles qui manquent dans les spectres stellaires pour déterminer avec exactitude les éléments présents dans l'atmosphère de l'étoile observée.

Dans les années vingt, lorsque les astronomes commencèrent à regarder les spectres des étoiles d'autres galaxies, ils remarquèrent quelque chose de très curieux : il s'y trouvait bien les mêmes ensembles caractéristiques de couleurs manquantes que dans notre propre Galaxie, mais ces derniers étaient tous décalés d'une même quantité relative vers l'extrémité rouge du spectre. Pour saisir les implications de cela, nous devons d'abord comprendre l'effet Doppler. Comme nous l'avons vu, la lumière visible consiste en fluctuations, ou ondes, dans le champ électromagnétique. La fréquence (ou le nombre d'ondes par seconde) de la lumière est extrêmement élevée, allant de quatre à sept cent mille milliards d'ondes par seconde. Les différentes fréquences de lumière sont ce que l'œil humain voit sous forme de couleurs différentes, les fréquences les plus basses se situant à l'extrémité rouge du spectre, et les plus hautes à l'extrémité bleue. Maintenant, imaginez une source de lumière à distance constante de nous, comme une étoile, émettant des ondes de lumière à fréquence constante. Évidemment, la fréquence des ondes que nous recevrons sera la même que celle à laquelle ces ondes auront été émises (le champ gravitationnel de notre Galaxie n'étant pas suffisamment grand pour produire un effet significatif). Supposons maintenant que cette source se mette à se déplacer vers nous. Quand elle émettra la crête d'onde suivante, elle sera plus proche de nous, et le temps que la crête d'onde mettra pour nous atteindre sera plus court que lorsque l'étoile ne bougeait pas. Cela signifie que l'intervalle entre deux crêtes d'ondes successives sera plus bref, et que le nombre d'ondes que nous recevrons chaque seconde (c'est-à-dire la fréquence) sera plus élevé que lorsque l'étoile était immobile. De même, si la source s'éloigne de nous, la fréquence des ondes que nous en recevrons sera plus basse. Dans le cas de la lumière, cela signifie que les étoiles qui s'éloignent de nous auront donc leur spectre décalé vers l'extrémité rouge du spectre – « décalage vers le rouge » – et celles qui se rapprochent, un spectre décalé vers le bleu. Cette relation entre la fréquence et la vitesse, l'effet Doppler, est une expérience que l'on peut faire tous les jours. Écoutez une voiture passant dans la rue : tant que la voiture approche, son moteur fait un bruit plus aigu (correspondant à une fréquence plus élevée des ondes sonores), et quand elle passe devant nous et s'éloigne, il fait entendre un bruit plus grave. Le comportement des ondes lumineuses ou radio est le même. Et jusqu'à la police qui fait usage de l'effet Doppler pour contrôler la vitesse des véhicules en mesurant la fréquence d'impulsion d'ondes radio qu'ils réfléchissent!

Dans les années qui ont suivi la preuve de l'existence d'autres galaxies, Hubble répertoria leurs distances et observa leurs spectres. A ce moment-là, la plupart des gens pensaient que les galaxies se mouvaient au hasard; aussi s'attendait-on à trouver autant de spectres décalés vers le bleu que vers le rouge. La surprise fut considérable lorsqu'on constata que la plupart des galaxies semblaient décalées vers le rouge : presque toutes s'éloignaient de nous ! Plus surprenantes encore furent les conclusions que Hubble publia en 1929 : l'ampleur du décalage vers le rouge d'une galaxie n'était pas le fait du hasard, il était proportionnel à la distance nous séparant de cette galaxie. En d'autres termes, plus la galaxie était loin, plus elle s'éloignait vite de nous ! L'univers ne pouvait donc pas être statique, comme tout le monde le croyait auparavant, et il était même en expansion, la distance entre les différentes galaxies augmentant en permanence.

Cette découverte d'un univers en expansion fut l'une des grandes révolutions intellectuelles du xxᵉ siècle. Il est facile de se demander maintenant pourquoi personne n'y avait pensé avant. Newton, et les autres, auraient dû comprendre qu'un univers statique commencerait bientôt à se contracter sous l'influence de la gravitation. Mais supposons plutôt que l'univers soit en expansion. Si cette expansion était assez lente, la force de gravité finirait par l'arrêter; puis il y aurait contraction. Cependant, si l'univers était en expansion plus rapide, au-delà d'un certain taux critique, la gravité ne pourrait jamais être assez forte pour l'arrêter, et l'univers continuerait à s'étendre à jamais. C'est comme lorsqu'on lance une fusée depuis la Terre. Si sa vitesse est trop lente, la gravité l'annulera et l'engin retombera au sol. Au contraire, si la fusée a une vitesse supérieure à une certaine valeur critique (environ douze kilomètres par seconde), la gravité ne sera pas assez forte pour la ramener sur Terre et elle s'éloignera à tout jamais. Ce comportement de l'univers aurait pu être prédit à partir de la théorie newtonienne de la gravitation à n'importe quel moment au XIXᵉ, au XVIIIᵉ ou même à la fin du XVIIᵉ siècle. Mais la croyance en un univers statique était si forte qu'elle a persisté jusqu'aux premières années du XXᵉ siècle. Même Einsten, lorsqu'il formula la théorie de la Relativité Générale en 1915, était si sûr que l'univers devait être statique qu'il la modifia, pour que cela soit possible, en introduisant sa fameuse constante cosmologique dans ses équations. Einstein introduisit ainsi une nouvelle force d'« antigravité » qui, à la différence des autres, ne provenait pas d'une source particulière mais était élaborée dans le processus même de structure de l'espace-temps. Il prétendit que l'espace-temps avait une tendance innée à s'étendre et que cela pourrait contrebalancer exactement l'attraction de toute la matière dans l'univers, de telle sorte qu'un tel univers serait statique. Un seul homme, semble-t-il, était disposé à prendre la Relativité Générale au pied de la lettre, et pendant qu'Einstein et d'autres physiciens cherchaient des moyens d'éviter la prédiction de la Relativité Générale d'un univers non statique, le physicien et mathématicien russe Alexandre Friedman se mit, lui, à l'expliquer.

Friedman fit deux hypothèses très simples à propos de l'univers : l'univers semble identique quelle que soit la direction dans laquelle on regarde, et cela serait aussi vrai si nous observions l'univers de n'importe où ailleurs. De ces deux seules idées, Friedman conclut que nous ne devions pas nous attendre à ce que l'univers soit statique. En fait, en 1922, quelques années avant la découverte d'Edwin Hubble, Friedman avait prédit exactement ce que Hubble trouva !

L'hypothèse que l'univers semble le même dans

toutes les directions n'est manifestement pas vraie
dans la réalité. Par exemple, comme nous l'avons vu,
les autres étoiles de notre Galaxie forment une bande
distincte de lumière à travers le ciel nocturne, la Voie
Lactée. Mais si nous examinons les galaxies lointaines, il semble y en avoir plus ou moins le même
nombre partout. Ainsi, l'univers semble être grossièrement le même dans toutes les directions, pourvu
qu'on le considère à grande échelle par rapport aux
distances entre les galaxies et qu'on néglige les différences à petite échelle. Pendant longtemps, cela fut
une justification suffisante de l'hypothèse de Friedman, en tant que grossière approximation de l'univers réel. Mais plus récemment, une heureuse péri-
pétie mit en lumière le fait que cette hypothèse était
bien une description remarquablement exacte de
notre univers.

En 1965, deux physiciens américains des Bell Tele-
phone Laboratories dans le New Jersey, Arno Penzias et Robert Wilson, testaient un détecteur ultra-
sensible d'ondes centimétriques (ces micro-ondes sont
exactement comme des ondes lumineuses mais avec
une fréquence de l'ordre de dix milliards d'ondes par
seconde seulement). Penzias et Wilson furent gênés
par le fait que leur instrument captait plus de bruit
qu'il n'aurait dû. Ce bruit ne semblait pas venir d'une
direction particulière. Ayant découvert des fientes
d'oiseaux à l'intérieur, ils recherchèrent d'autres
causes de mauvais fonctionnement, mais bientôt, ils
durent abandonner. Ils avaient compris que tout le
bruit venant de l'atmosphère serait plus fort lorsque
le détecteur ne serait pas pointé verticalement que
dans le cas contraire, car les rayons lumineux tra-
versent beaucoup plus l'atmosphère quand ils sont
reçus de l'horizon que lorsqu'ils arrivent directement
du zénith. Or, le bruit excédentaire était le même
quelle que soit la direction dans laquelle le détecteur

était pointé, aussi devait-il venir du *dehors* de l'atmosphère. C'était aussi le même, jour et nuit, et tout au long de l'année, bien que la Terre tourne sur son axe et autour du Soleil. Cela montrait que la radiation devait venir de plus loin que du Système Solaire, et même de plus loin que de la Galaxie; sinon, il aurait varié puisque le mouvement même de la Terre aurait orienté le détecteur dans différentes positions. De fait, nous savons aujourd'hui que la radiation a dû avant de nous atteindre traverser la majeure partie de l'univers observable. Puisqu'elle semble identique dans les différentes directions, l'univers doit aussi être le même dans toutes les directions, à grande échelle. Nous savons maintenant que, quelle que soit la direction dans laquelle on regarde, ce bruit ne varie jamais de plus de 1 pour 10 000 – aussi Penzias et Wilson étaient-ils tombés involontairement sur une confirmation remarquablement exacte de la première hypothèse de Friedman.

A peu près au même moment, deux physiciens américains de l'université voisine de Princeton, Bob Dicke et Jim Peebles, commencèrent aussi à s'intéresser aux ondes centimétriques. Ils étudièrent la suggestion de Georges Gamow (qui avait été l'étudiant d'Alexandre Friedman) selon laquelle l'univers primitif avait dû être très chaud, très dense et rayonnant comme tout corps chauffé. Dicke et Peebles affirmèrent que nous devions encore être capables de voir la lueur de l'univers primitif parce que la lumière de ses parties très éloignées devait seulement nous atteindre maintenant. Cependant, l'expansion de l'univers signifiait que cette lumière devait être si décalée vers le rouge qu'elle devrait nous apparaître aujourd'hui sous forme de rayonnement centimétrique. Dicke et Peebles se préparaient à le chercher quand Penzias et Wilson entendirent parler de leurs travaux et comprirent qu'ils avaient déjà trouvé le rayonnement en question. Pour cela, Penzias et Wilson reçurent le prix Nobel en 1978 (ce qui semble un peu dur pour Dicke et Peebles, sans parler de Gamow !).

A première vue, ce témoignage d'un univers identique quelle que soit la direction dans laquelle on regarde pourrait suggérer que notre place dans l'univers a quelque chose de spécial. En particulier, on pourrait penser que si nous voyons toutes les autres galaxies s'éloigner de nous, c'est que nous devrions être au centre de l'univers. Il existe cependant une autre explication : l'univers devrait aussi sembler le même dans toutes les directions, vu de toute autre galaxie. C'est, nous le savons, la seconde hypothèse de Friedman. Nous n'avons aucune preuve scientifique qui confirme ou infirme cette dernière. Nous y croyons seulement par modestie car il serait beaucoup plus satisfaisant pour notre amour-propre que l'univers semblât le même dans toutes les directions autour de nous, mais pas autour d'autres points dans l'univers! Dans le modèle de Friedman, toutes les galaxies s'écartent les unes des autres. La situation est semblable à celle d'un ballon, avec un certain nombre de taches peintes à sa surface, que l'on gonfle régulièrement. Puisque le ballon devient plus volumineux, la distance entre deux taches quelconques grandit, mais aucune tache ne peut être considérée comme le centre de l'expansion. Et même, plus les taches seront séparées, plus elles se sépareront rapidement. De façon similaire, dans le modèle de Friedman, la vitesse à laquelle deux galaxies quelconques se séparent est proportionnelle à la distance qui les sépare. Aussi, ce modèle prédit-il que le décalage d'une galaxie vers le rouge devrait être proportionnel à sa distance par rapport à nous, ce que trouva précisément Hubble. En dépit du succès de son modèle et de sa prédiction des observations de Hubble, le travail de Friedman resta ignoré à l'Ouest dans une large mesure jusqu'à ce que des modèles similaires soient construits en 1935 par le scientifique américain Howard Robertson et le mathématicien britannique Arthur Walker, en réponse à la découverte de Hubble d'une expansion uniforme de l'univers.

Bien que Friedman n'en ait trouvé qu'un, il y a en fait trois sortes différentes de modèles qui obéissent à ses deux hypothèses fondamentales. Dans la première (celle que Friedman avait trouvée), l'univers s'étend suffisamment lentement pour que l'attraction gravitionnelle entre les différentes galaxies ralentisse l'expansion et éventuellement l'arrête. Les galaxies alors se mettent à se rapprocher et l'univers se contracte. La fig. 3.2 montre de combien la distance entre les deux galaxies voisines évolue avec le temps. Cela commence à zéro, croît jusqu'à un maximum puis décroît jusqu'à zéro de nouveau. Dans le second type de solution, l'univers s'étend si rapidement que l'attraction gravitationnelle ne peut jamais l'arrêter, bien qu'elle la ralentisse un peu. La fig. 3.3 montre la séparation entre deux galaxies voisines dans ce modèle. Cela commence à zéro et finalement, les galaxies se séparent à une vitesse régulière. Enfin, troisième type de solution, l'univers s'étend juste assez vite pour éviter l'implosion. Dans ce cas, la séparation montrée sur la fig. 3.4 commence aussi à zéro et croît indéfiniment. Cependant, la vitesse à laquelle les galaxies se séparent devient de plus en plus faible, sans jamais s'annuler.

Une caractéristique remarquable du premier modèle de Friedman est que, dans ce cas, l'univers n'est pas infini dans l'espace, mais que l'espace n'a pas pour autant de frontières. La gravité est si forte que l'espace est refermé sur lui-même, le rendant plutôt semblable à la surface de la Terre. Si quelqu'un avance dans une certaine direction à la surface de la

Terre, il ne se heurtera jamais à une barrière infranchissable ni ne tombera du bord; il finira par revenir à son point de départ. Dans le premier modèle de Friedman, l'espace est ainsi mais avec trois dimensions au lieu de deux. La quatrième dimension, le temps, est également finie en extension, mais elle est comme une ligne avec deux bouts ou deux frontières, un début et une fin. Nous verrons plus tard que lorsqu'on combine la Relativité Générale avec le principe d'incertitude de la Mécanique Quantique, il est possible, pour l'espace comme pour le temps, d'être finis mais sans bords ni frontières.

L'idée que l'on pourrait faire le tour de l'univers et le boucler à l'endroit où on l'a commencé permet de faire de la bonne science-fiction; mais cela n'a pas grande signification pratique, car on peut montrer que l'univers se serait déjà recontracté entièrement avant qu'on ait pu en faire le tour. On aurait besoin d'avancer plus vite que la lumière pour accomplir un voyage complet avant que l'univers n'arrive à sa fin — et cela n'est pas permis!

Toujours dans ce premier modèle de Friedman, qui s'étend puis se contracte, l'espace est courbé sur lui-même, comme la surface de la Terre. Il est donc fini en extension. Dans le second modèle, qui s'étend à jamais, l'espace est courbé d'une autre manière, à la façon d'une selle. Dans ce cas, l'espace est infini. Finalement, dans le troisième modèle de Friedman, avec juste le taux d'expansion critique, l'espace est plat (et donc, aussi, infini).

Mais lequel de ces trois modèles décrit-il notre univers? Celui-ci cessera-t-il de s'étendre et commencera-t-il à se contracter, ou s'étendra-t-il toujours? Pour répondre à cette question, nous avons besoin de connaître l'actuel taux d'expansion de l'univers et sa densité moyenne. Si celle-ci est inférieure à une certaine valeur critique, déterminée par le taux d'expansion, l'attraction gravitationnelle sera trop faible pour stopper l'expansion. Si la densité est plus grande que la valeur critique, la gravité arrêtera l'expansion à un instant dans le futur et amènera l'univers à se contracter.

Nous pouvons déterminer l'actuel taux d'expansion en mesurant les vitesses auxquelles les autres galaxies s'éloignent de nous en utilisant l'effet Doppler. Cela peut être fait avec une grande exactitude. Cependant, les distances des galaxies ne sont pas très bien connues parce que nous ne pouvons les mesurer qu'indirectement. Aussi, tout ce que nous savons, c'est que l'univers s'étend d'environ 5 à 10 % tous les milliards d'années. Cependant, notre incertitude quant à la densité moyenne actuelle de l'univers est encore plus grande. Si nous additionnons les masses de toutes les étoiles que nous pouvons voir dans notre Galaxie et dans les autres, le total représente moins du centième du total requis pour arrêter l'expansion de l'univers, même pour la plus basse estimation du taux d'expansion. Notre Galaxie et les autres doivent contenir une grande quantité de « masse cachée », que nous ne pouvons voir directement mais dont nous savons qu'elle est là à cause de l'influence de son attraction gravitationnelle sur les orbites des étoiles dans les galaxies. De plus, la plupart des galaxies sont regroupées en amas, et nous pouvons, de façon similaire, déduire la présence d'encore plus de masse cachée entre les galaxies de ces amas à cause de l'effet produit sur leur mouvement. Lorsque nous additionnons toute cette masse cachée, nous n'atteignons encore qu'un dixième environ du total requis pour arrêter l'expansion. Cependant, nous ne pouvons exclure la possibilité qu'il puisse y avoir une autre forme de matière, distribuée tout à fait uniformément dans tout l'univers, que nous n'avons pas encore détectée, et qui pourrait venir augmenter la densité moyenne de l'univers jusqu'à la valeur critique nécessaire pour stopper son expansion. L'information actuelle suggère donc que l'univers s'étendra probablement à jamais, mais ce dont nous pouvons réellement être sûrs, c'est que même s'il devait se recontracter, il ne le ferait pas avant dix milliards d'années, puisqu'il est déjà en expansion depuis un temps au moins aussi long. Cela ne devrait pas nous inquiéter outre mesure : à ce moment-là, à moins que nous ayons essaimé au-delà du Système Solaire, l'humanité sera morte depuis longtemps, éteinte avec notre Soleil!

Toutes les solutions de Friedman présentent la caractéristique suivante : à un instant dans le passé (il y a entre dix et vingt milliards d'années), la distance entre les galaxies voisines a dû être nulle. A ce moment, que nous appelons le Big Bang, la densité de l'univers et la courbure de l'espace-temps ont dû être infinies. Comme les mathématiques ne peuvent manier vraiment de nombres infinis, cela signifie que la théorie de la Relativité Générale (sur laquelle reposent les solutions de Friedman) prédit qu'il y a un point dans l'univers où elle-même s'effondre. Un tel point est un exemple de ce que les mathématiciens appellent une « singularité ». En fait, toutes nos théories scientifiques s'appuient sur l'hypothèse que l'espace-temps est lisse et presque plat, aussi échouent-elles à la singularité du Big Bang, où la courbure de l'espace-temps est infinie. Cela signifie que, même s'il y avait eu des événements avant ce Big Bang, on ne pourrait les utiliser pour déterminer ce qui serait arrivé par la suite, parce que notre pouvoir de prédiction s'anéantirait au Big Bang. En conséquence, si, comme c'est le cas, nous connaissons seulement ce qui s'est produit depuis le Big Bang, nous ne pourrons déterminer ce qu'il est advenu au préalable. Pour autant que cela nous concerne, les événements d'avant le Big Bang peuvent n'avoir aucune conséquence, aussi ne devraient-ils pas être considérés comme faisant partie d'un modèle scientifique de l'univers. Nous devrions donc les supprimer du modèle et dire que le temps a commencé au Big Bang.

Beaucoup de gens n'aiment pas l'idée que le temps a un commencement, probablement parce que cela sent un peu l'intervention divine. (L'Église catholique, de son côté, s'est emparée du modèle du Big Bang et, en 1951, l'a déclaré officiellement en accord avec la Bible.) Il y a eu un certain nombre de tentatives pour éviter d'en arriver à cette conclusion. La proposition qui a recueilli le plus de suffrages a été appelée « théorie de la création continue ». Elle a été avancée en 1948 par deux réfugiés de l'Autriche occupée, Hermann Bondi et Thomas Gold, ainsi qu'un Britannique, Fred Hoyle, qui avait travaillé avec eux au développement du radar pendant la guerre. Elle reposait sur l'idée que, comme les galaxies s'éloignaient les unes des autres, de nouvelles galaxies se formaient continuellement dans le vide intergalactique à partir de matière nouvelle qui était continuellement créée. L'univers aurait donc grossièrement le même aspect en tout temps aussi bien qu'en tout point de l'espace. La théorie de la création continue exigeait la modification de la Relativité Générale pour tenir compte de la création continue de matière, mais le taux nécessaire qui avait été calculé était si bas (environ une particule par kilomètre cube et par an) qu'il n'était pas en conflit avec l'expérience. Cette théorie était une bonne théorie scientifique, selon les critères du chapitre 1 : elle était simple et elle faisait des prédictions précises qui pouvaient être mises à l'épreuve par l'observation. L'une de ces prédictions était que le nombre de galaxies ou d'objets similaires dans un volume donné de l'espace devait être le même quel que soit le

moment ou le lieu d'où nous regardions l'Univers. A
la fin des années cinquante et au début des années
soixante, un relevé des sources d'ondes radio venant
de l'espace intersidéral fut effectué à Cambridge par
un groupe d'astronomes conduit par Martin Ryle (qui
avait aussi travaillé avec Bondi, Gold et Hoyle sur le
radar pendant la guerre). Ce groupe montra que la
plupart de ces sources devaient se trouver hors de
notre Galaxie (une grande partie devait être identi-
fiée à d'autres galaxies) et aussi qu'il y avait beaucoup plus de sources faibles que de sources fortes.
Les sources faibles furent interprétées comme étant
les plus éloignées, et les fortes comme les plus
proches. Il apparut alors qu'il y avait moins de
sources communes par unité de volume d'espace pour
les sources proches que pour les sources éloignées.
Cela pouvait signifier que nous étions au centre d'une
vaste région de l'univers où elles étaient moins nombreuses qu'ailleurs. Ou bien, cela pouvait signifier
que les sources avaient été plus nombreuses dans le
passé, au moment où les ondes radio commençaient
leur voyage vers nous. L'une ou l'autre explication
contredisaient les prédictions de la théorie de la création continue. De plus, la découverte du rayonnement
centimétrique par Penzias et Wilson en 1965 indiquait aussi que l'univers avait dû être plus dense dans
le passé. La théorie fut donc abandonnée.

Une autre tentative pour éviter la conclusion qu'il
devait y avoir eu un Big Bang, et donc, un commencement au temps, fut effectuée par deux scientifiques russes, Evguenii Lifshitz et Isaac Khalatnikov,
en 1963. Ils suggérèrent que le Big Bang n'aurait été
qu'une bizarrerie des modèles de Friedman, qui,
après tout, n'étaient eux-mêmes que des approximations de l'univers réel. De tous les modèles qui ressemblaient grossièrement à l'univers réel, seuls ceux
de Friedman contiendraient une singularité du type

Big Bang. Les galaxies s'y éloignent toutes directement les unes des autres – aussi n'est-ce pas étonnant qu'à un instant donné dans le passé, elles aient toutes été à la même place. Dans l'univers réel, cependant, les galaxies ne s'éloignent pas exactement comme cela les unes des autres, elles ont aussi de faibles vitesses obliques. Ainsi n'ont-elles en réalité pas besoin d'avoir jamais été à la même place, mais seulement très proches les unes des autres. Peut-être notre univers ordinaire en expansion n'a-t-il pas résulté d'une singularité du type Big Bang, mais d'une phase primitive de contraction? Pendant que l'univers s'effondrait, les particules auraient pu ne pas toutes se heurter mais se frôler puis s'éloigner les unes des autres, produisant ainsi l'actuelle expansion de l'univers. Comment alors pourrions-nous dire si l'univers réel a commencé par un Big Bang? En fait, Lifshitz et Khalatnikov étudièrent les modèles d'univers qui s'apparentaient à ceux de Friedman mais qui tenaient compte des irrégularités et des vitesses prises au hasard des galaxies de l'univers réel. Ils montrèrent que de tels modèles pouvaient commencer par un Big Bang, même si les galaxies ne se séparaient plus directement les unes des autres; mais ils prétendirent que cela était encore possible dans certains modèles exceptionnels dans lesquels les galaxies se mouvaient en ligne droite. Ils affirmèrent que puisqu'il semblait y avoir infiniment plus de modèles du genre Friedman sans singularité de type Big Bang que de modèles avec, nous devrions conclure qu'il n'y a pas eu en réalité de Big Bang. Ils se rendirent compte par la suite qu'il y avait une classe beaucoup plus générale de modèles du genre Friedman qui avait des singularités, et dans laquelle les galaxies n'avaient pas à se mouvoir de façon spéciale. En 1970, ils revinrent donc sur leur affirmation.

Leur travail fut néanmoins précieux parce qu'il

montrait que l'univers *pouvait* avoir eu une singularité, un Big Bang, si la Relativité Générale était
juste. Cependant, cela ne résolvait pas la question
décisive : la Relativité Générale prédit-elle que notre
univers *devrait* avoir eu un Big Bang, un commencement au temps? La réponse vint d'une approche
complètement différente faite par le mathématicien
et physicien britannique Roger Penrose, en 1965.
S'appuyant sur la façon dont les cônes de lumière se
comportent en Relativité Générale et, en même
temps, sur le fait que la gravité est toujours attractive, il montra qu'une étoile en effondrement sous sa
propre gravité était piégée dans une région dont la
surface se contractait finalement jusqu'à une grandeur égale à zéro. Puisque la surface de cette région
se rétrécissait, son volume devait faire de même.
Toute la matière dans l'étoile serait comprimée dans
une région de volume nul, ainsi la densité de matière
et la courbure de l'espace-temps deviendraient-elles
infinies. En d'autres termes, on aurait une singularité
contenue à l'intérieur d'une région de l'espace-temps
connue sous la dénomination de « trou noir ».

A première vue, le résultat obtenu par Penrose ne
s'appliquait qu'aux étoiles et n'avait rien à voir avec
la question de savoir si l'univers entier avait eu ou
non une singularité de type Big Bang dans son passé.
Au moment où Penrose publia son théorème, j'étais
un jeune chercheur cherchant désespérément un problème qui constituerait ma thèse. Deux ans auparavant, on m'avait diagnostiqué une « ALS », maladie
de Lou Gehrig, ou encore maladie des neurones
moteurs, et l'on m'avait fait comprendre que je n'en
avais plus que pour un ou deux ans à vivre. Dans ces
circonstances, il n'y avait, semble-t-il, pas grand intérêt à travailler; je ne pensais pas vivre assez longtemps pour boucler mon sujet de recherche. Mais
deux ans passèrent et je ne me sentais pas plus mal.

En fait, les choses allèrent plutôt bien pour moi et je me fiançai avec une très jolie fille, Jane Wilde. Mais pour pouvoir me marier, j'avais besoin d'un travail, et pour avoir un travail, j'avais besoin de ma thèse.

En 1965, je lus à propos du théorème de Penrose que tout corps subissant un effondrement gravitationnel devait finalement former une singularité. Bientôt, je compris que si l'on inversait la direction du temps dans ce théorème, alors l'effondrement devenait expansion et les conditions de ce théorème seraient toujours respectées, pourvu que l'univers soit aujourd'hui grossièrement identique à un modèle de Friedman à grande échelle. Le théorème de Penrose avait montré que toute étoile en effondrement *devait* finir en singularité; l'argument du temps inversé montrait que tout univers du genre Friedman en expansion *devait* avoir commencé par une singularité. Pour des raisons techniques, le théorème de Penrose nécessitait que l'univers soit non borné dans l'espace. Aussi pus-je l'utiliser pour prouver qu'il ne devait y avoir singularité que si l'univers se dilatait suffisamment vite pour éviter de s'effondrer à nouveau (puisque seuls ces modèles de Friedman étaient non bornés dans l'espace).

Au cours de ces dernières années, je développai de nouvelles techniques mathématiques pour remédier à cela, ainsi que d'autres conditions techniques issues de théorèmes qui prouvaient que des singularités pouvaient apparaître. Le résultat final fut un article commun signé par Penrose et moi en 1970, qui prouvait enfin qu'il devait y avoir eu une singularité de type Big Bang, pourvu seulement que la Relativité Générale fût juste et que l'univers contînt autant de matière que ce que nous observions. Beaucoup le rejetèrent, les Russes d'une part, à cause de la croyance marxiste dans le déterminisme scientifique, et d'autre part, ceux qui tenaient la notion entière de

singularité pour dérangeante et entachant la beauté de
la théorie d'Einstein. Cependant, on ne peut pas vraiment argumenter devant un théorème mathématique.
Aussi notre travail fut-il peu à peu accepté, et de nos
jours, presque tout le monde admet que l'Univers a
débuté avec une singularité de type Big Bang. Par
une ironie du sort, ayant changé d'avis, je suis en
train d'essayer de convaincre mes collègues physiciens qu'il n'y eut en fait aucune singularité au
commencement de l'univers – comme nous le verrons
plus loin, cela peut disparaître à partir du moment où
l'on prend en compte les effets quantiques.

Nous avons vu dans ce chapitre comment, en
moins d'un demi-siècle, l'idée que l'homme se faisait
de l'univers, idée façonnée au cours des millénaires,
s'était transformée. La découverte de Hubble d'un
univers en expansion et la prise en compte de l'insi-
gnifiance de notre propre planète dans l'immensité de
l'univers ne furent que des points de départ. Comme
les preuves expérimentales et théoriques l'ont peu à
peu mis en évidence, il est devenu de plus en plus
clair que l'univers a dû avoir un commencement dans
le temps, jusqu'à ce qu'en 1970 cela soit finalement
prouvé par Penrose et moi-même sur la base de la
théorie de la Relativité Générale d'Einstein. Cette
preuve montre que la Relativité Générale n'est
qu'une théorie incomplète : elle ne peut nous dire
comment l'univers a débuté, parce qu'elle prédit que
toutes les théories physiques, y compris elle-même,
s'effondrent au commencement de l'univers. Cependant, la Relativité Générale n'est qu'une théorie partielle; ce que les théories de la singularité avancent
réellement, c'est qu'il a dû y avoir un moment dans
l'univers très primitif où celui-ci fut si petit que l'on
ne devrait pas continuer à ne pas tenir compte des
effets à petite échelle de l'autre grande théorie partielle du XXe siècle, la mécanique quantique. Au

début des années soixante-dix, nous avons été forcés d'orienter nos recherches sur la compréhension de l'univers de notre théorie de l'infiniment grand vers notre théorie de l'infiniment petit. Cette théorie, la mécanique quantique, sera décrite par la suite, avant que nous tournions nos efforts vers la combinaison des deux théories partielles en une unique théorie quantique de la gravitation.

4

LE PRINCIPE D'INCERTITUDE

Le succès des théories scientifiques, et en particulier celui de la théorie newtonienne de la gravitation, a conduit un savant français, le marquis de Laplace, au début du XIXᵉ siècle, à affirmer que l'univers était complètement déterminé. Laplace a suggéré qu'il devait exister un ensemble de lois scientifiques qui nous permettrait de prédire tout ce qui arriverait dans l'univers pourvu que nous en connaissions l'état à un moment précis. Avec les situations et les vitesses du Soleil et des planètes à un moment donné, nous pourrions, par exemple, utiliser les lois de Newton pour calculer l'état du Système Solaire à n'importe quel autre moment. Le déterminisme semble tout à fait évident dans ce cas, mais Laplace alla plus loin, affirmant qu'il y avait des lois similaires gouvernant tout le reste, y compris le comportement humain.

La doctrine du déterminisme scientifique a été fortement combattue par tous ceux, et ils étaient nombreux, qui pensaient qu'elle enfreignait la liberté de Dieu d'intervenir dans le monde; mais elle resta l'hypothèse fondamentale de la science jusqu'aux toutes premières années de notre siècle. L'un des premiers signes d'un prochain abandon apparut lorsque les calculs effectués par les Anglais Lord Rayleigh et

Sir James Jeans suggérèrent qu'un objet chaud, ou un corps comme une étoile, devait émettre de l'énergie à un taux infini. En accord avec les lois de cette époque, un corps chaud aurait dû émettre des ondes électromagnétiques (comme des ondes radio, de la lumière visible ou des rayons X) en quantité égale à toutes les fréquences. Exemple : un corps chaud aurait dû émettre la même quantité d'énergie en ondes de fréquences comprises entre un et deux mille milliards d'ondes par seconde qu'en fréquences comprises entre deux et trois mille milliards d'ondes par seconde. Puisque le nombre d'ondes dans une seconde n'est pas limité, cela signifierait que l'énergie totale émise par ce corps chaud aurait dû être infinie.

Pour éviter ce résultat évidemment ridicule, le savant allemand Max Planck suggéra en 1900 que la lumière, les rayons X et les autres ondes ne pourraient pas être émises à un taux arbitraire, mais seulement en paquets qu'il appela « quanta ». De plus, chaque quantum disposait d'une certaine quantité d'énergie qui croissait en fonction de la hauteur de fréquence des ondes ; aussi, à une fréquence relativement haute, l'émission d'un seul quantum aurait nécessité plus d'énergie qu'il n'y en aurait eu de disponible. Le rayonnement à haute fréquence s'en trouverait réduit et, par conséquent, le taux selon lequel le corps aurait perdu de l'énergie, serait, lui, fini.

L'hypothèse quantique expliquait parfaitement le taux observé d'émission de rayonnement des corps chauds, mais ses implications sur le déterminisme ne furent pas prises en compte avant 1926, lorsqu'un autre Allemand, Werner Heisenberg, formula son célèbre « principe d'incertitude ». Pour prédire la situation future et la vitesse d'une particule, on doit pouvoir mesurer sa situation actuelle et sa vitesse avec exactitude. Pour ce faire, il faut l'éclairer. Quel-

ques ondes de cette lumière incidente seraient épar-
pillées par la particule en question, indiquant ainsi sa
situation. Cependant, on ne sera pas capable de
déterminer cette situation plus exactement que la distance entre les crêtes d'ondes de la lumière, aussi
aura-t-on besoin d'utiliser une lumière de courte longueur d'onde pour obtenir une mesure précise. Selon
l'hypothèse quantique de Planck, on ne peut cependant pas utiliser une quantité arbitrairement petite
de lumière et l'on doit faire appel au moins à un
quantum. Celui-ci dérangera la particule et modifiera sa vitesse de façon imprévisible. Mais, plus on
voudra mesurer la position précisément, plus la longueur d'onde de la lumière dont on aura besoin sera
courte et, partant, plus l'énergie du quantum requis
sera élevée. Aussi la vitesse de la particule sera-t-elle
fortement perturbée. En d'autres termes, plus vous
essaierez de mesurer la position de la particule avec
précision, moins vous disposerez d'une valeur précise
pour sa vitesse et vice versa. Heisenberg démontra
que l'incertitude de la position de la particule multipliée par l'incertitude de sa vitesse multipliée par la
masse de la particule ne peut jamais être plus petite
qu'une certaine quantité, que l'on nomme la
« constante de Planck ». De plus, cette limite ne
dépend pas de la façon dont on essaie de mesurer la
position ou la vitesse de la particule, ni de son type :
le principe d'incertitude de Heisenberg est une propriété fondamentale inéluctable du monde.
   Le principe d'incertitude a eu de profondes répercussions sur la façon dont nous envisageons le monde.
Même après plus de cinquante ans, ses implications
n'ont pas été entièrement admises par nombre de philosophes et font encore l'objet de polémiques. Le
principe d'incertitude indique la fin du rêve de
Laplace d'élaborer une théorie de la science et
un modèle de l'univers complètement déterminés :

comment prédire les événements futurs avec exactitude si l'on n'est même pas capable de mesurer
l'état présent de l'univers avec précision! Nous
pourrions cependant encore imaginer qu'il y a un
ensemble de lois qui déterminent les événements
par l'intermédiaire de quelque être surnaturel qui
pourrait observer l'état présent de l'univers sans le
perturber; cependant, de tels modèles de l'univers ne
seront pas d'un grand intérêt pour nous, pauvres
mortels. Il paraît tout de même plus intéressant
d'employer le principe d'économie connu sous le nom
de rasoir d'Ockham et d'éliminer grâce à lui toutes
les caractéristiques de la théorie qui ne peuvent être
observées. Cette approche conduisit Heisenberg,
Erwin Schrödinger et Paul Dirac, dans les années
vingt, à reformuler la mécanique en une nouvelle
théorie fondée sur le principe d'incertitude, la mécanique quantique. Les particules n'y ont plus de positions tranchées, bien définies, ni de vitesses que l'on
pourrait observer. A la place, elles ont un état quantique, qui est une combinaison de leur situation et de
leur vitesse.

En général, la mécanique quantique ne prédit pas
un état unique, bien défini pour une observation donnée. Elle remplace tout cela par un certain nombre
de résultats possibles et différents, et nous donne
pour chacun d'eux leur probabilité d'existence. Cela
veut dire que, si l'on effectuait la même mesure sur
un grand nombre de systèmes similaires, déclenchés
chacun de la même façon, on trouverait un résultat
de mesure A dans un certain nombre de cas, B dans
un autre nombre de cas, et ainsi de suite. On pourrait
prédire le nombre approximatif de fois où le résultat
pourrait être A ou B, mais on ne pourrait pas prédire
le résultat spécifique d'une mesure individuelle. La
mécanique quantique introduit donc un élément iné-
vitable d'imprécision et de hasard dans la science.

Einstein s'y opposa fermement en dépit du rôle important qu'il joua dans le développement de ces idées. Einstein, prix Nobel pour sa contribution à la mécanique quantique, n'a jamais admis cependant que l'univers soit gouverné par le hasard; il a exprimé son sentiment dans la célèbre formule : « Dieu ne joue pas aux dés. » La plupart des autres savants, toutefois, furent disposés à admettre la mécanique quantique parce qu'elle s'accordait parfaitement avec l'expérience. Théorie exceptionnellement couronnée de succès, elle sous-tend presque toute la science moderne et la technologie. Elle gouverne le comportement des transistors et des circuits intégrés, qui sont les composants essentiels des engins électroniques comme la télévision et les ordinateurs, et c'est aussi la base de la chimie moderne et de la biologie. Les seuls domaines de la science physique dans lesquels la mécanique quantique n'a pas encore été véritablement intégrée sont la gravitation et la structure à grande échelle de l'univers.

Bien que la lumière soit faite d'ondes, l'hypothèse des quanta de Planck nous dit que, d'une certaine manière, cette même lumière se comporte comme si elle était composée de particules : elle ne peut être émise ou absorbée que par paquets, par quanta. De même, le principe d'incertitude de Heisenberg laisse entendre que les particules se comportent à certains égards comme des ondes puisqu'elles n'ont pas de position définie mais sont « étalées » selon une certaine distribution de probabilité. La théorie de la mécanique quantique est fondée sur un genre entièrement nouveau de mathématiques qui ne décrivent plus le monde réel en termes de particules ou d'ondes; ce ne sont que les observations du monde qui peuvent être décrites en ces termes. Il y a donc une dualité entre les ondes et les particules en mécanique quantique : dans certains cas, il sera plus commode de considérer les particules comme des ondes, et dans d'autres, les ondes comme des particules. Conséquence importante : on peut observer ce que l'on appelle des interférences entre deux ensembles d'ondes ou de particules. Les crêtes d'un ensemble d'ondes peuvent donc coïncider avec les creux d'un autre ensemble. Les deux ensembles s'annuleront alors l'un l'autre au lieu de s'additionner pour donner une onde plus forte comme on aurait pu s'y attendre (fig. 4.1). Un exemple bien connu d'interférences dans le cas de la lumière est celui des couleurs que l'on voit souvent sur les bulles de savon. Elles sont causées par la réfraction de la lumière sur les deux faces du fin film d'eau formant les bulles. La lumière blanche consiste en ondes lumineuses de toutes les différentes longueurs d'onde, ou couleurs. Pour certaines longueurs d'onde, les crêtes des ondes réfléchies par une face du film savonneux coïncident avec les creux réfléchis par l'autre face. Les couleurs correspondant à ces longueurs d'onde sont absentes de la lumière réfléchie qui, du coup, apparaît colorée.

Des interférences peuvent aussi se produire avec des particules à cause de la dualité introduite par la mécanique quantique. L'expérience des deux fentes en est l'exemple le plus célèbre (fig. 4.2). Considérons une cloison comportant deux fentes étroites et parallèles. D'un côté de la cloison, on place une source de lumière de couleur particulière (c'est-à-dire d'une longueur d'onde donnée). La plus grande part de la lumière émise frappera la cloison, mais une petite quantité passera à travers les fentes. Supposons ensuite que l'on place un écran de l'autre côté de la cloison par rapport à la source de lumière. Tout point de l'écran recevra les ondes venant des deux fentes. La distance que la lumière aura à parcourir depuis la source jusqu'à l'écran via les deux fentes sera différente. Les ondes venues de chacune des deux fentes ne seront donc pas en phase lorsqu'elles arriveront sur l'écran : par endroits, elles s'annuleront et ailleurs, elles se renforceront. Le résultat sera un type caractéristique de franges lumineuses et sombres.

Ce qui est remarquable, c'est que l'on obtient exactement la même sorte de franges si l'on remplace la source de lumière par une source de particules tels que des électrons à vitesse donnée (cela signifie que les ondes correspondantes auront une longueur d'onde précise). Il se passe alors quelque chose de très curieux, parce que si l'on a une seule fente, on n'obtiendra aucune frange, rien qu'une distribution uniforme des électrons sur l'écran. On pourrait donc penser que l'ouverture de l'autre fente ne fera qu'augmenter le nombre d'électrons heurtant chaque point de l'écran mais, à cause de ces interférences, ce nombre diminuera en certains endroits. Si les électrons sont envoyés à travers les fentes un par un, on s'attendrait à ce que chacun passe par une fente ou par l'autre, et ainsi, se comporte exactement comme si la fente qu'il traversait était unique – donnant une distribution uniforme sur l'écran. En réalité, même dans le cas où les électrons sont envoyés un par un, des franges apparaissent, chaque électron devant donc passer à travers les *deux* fentes en même temps!

Le phénomène d'interférences entre particules a été décisif pour notre compréhension de la structure des atomes, unités de base de la chimie et de la biologie, et briques de construction dont nous-mêmes et tout ce qui nous entoure sommes faits. Au début du siècle, on pensait que les atomes ressemblaient aux planètes tournant autour du Soleil, avec leurs électrons (particules d'électricité négative) tournant autour du noyau central chargé d'électricité positive. L'attraction entre l'électricité positive et l'électricité négative était supposée conserver les électrons sur

leurs orbites, de la même façon que l'attraction gravitationnelle entre le Soleil et les planètes conserve les
trajectoires des planètes. Seul point litigieux : les lois
de la mécanique et de l'électricité, avant l'avènement
de la mécanique quantique, prédisaient que les électrons perdraient de l'énergie et donc spiraleraient
vers le centre jusqu'à se heurter au noyau. Cela signifiait que l'atome, et toute la matière, devrait rapidement s'effondrer vers un état de très haute densité.
Une solution partielle à ce problème fut trouvée par
le savant danois Niels Bohr en 1913. Celui-ci suggéra
que les électrons n'étaient peut-être pas capables de
tourner à n'importe quelle distance du noyau central
mais seulement à certaines distances spécifiques. Si
l'on supposait aussi que seuls un ou deux électrons
tournaient à telle ou telle de ces distances, le problème de l'effondrement de l'atome serait résolu
parce que les électrons ne pourraient spiraler plus
avant une fois remplies les orbites les plus proches du
noyau, celles de plus faible énergie.

Ce modèle expliquait parfaitement la structure du
plus simple des atomes, celui qui n'a qu'un seul électron tournant autour de son noyau, l'atome d'hydrogène. Mais comment l'étendre à des atomes plus
complexes, voilà qui n'était pas clair. De plus, l'idée
d'un ensemble limité d'orbites autorisées semblait
gratuite. La nouvelle théorie de la mécanique quantique résolut cette difficulté. Elle précisait qu'un
électron tournant autour d'un noyau pouvait être
considéré comme une onde, dont la longueur d'onde
dépendait de la vitesse. Pour certaines orbites, la longueur de l'orbite correspondrait à un nombre entier
(par opposition à un nombre fractionnaire) de longueurs d'onde de l'électron; la crête d'onde occupe-
rait la même situation à chaque tour, aussi les ondes
pourraient-elles courir : ces orbites correspondraient
aux orbites de Bohr autorisées. Cependant, pour les

orbites dont les longueurs ne seraient pas un nombre
entier de longueurs d'onde, chaque crête d'onde
serait éventuellement annulée par un creux à chaque
fois que les électrons passeraient; ces orbites ne
seraient pas permises.

« L'intégrale de chemins » introduite par le scientifique américain Richard Feynman est une jolie façon
de visualiser la dualité onde/particule. Dans cette
approche, la particule n'a pas un chemin unique, ou
une trajectoire dans l'espace-temps, comme ce serait
le cas dans une théorie classique non quantique. Elle
va de A vers B par toutes les trajectoires possibles. A
chacune de ces trajectoires sont associés deux
nombres : l'un représente la grandeur de l'onde et
l'autre, sa situation dans le cycle (c'est-à-dire sur une
crête ou dans un creux). La probabilité de gagner B à
partir de A s'obtient en additionnant les ondes de
toutes les trajectoires. En général, si l'on compare un
ensemble de trajectoires voisines, les phases – ou
situations dans le cycle – différeront grandement.
Cela signifie que les ondes associées à ces trajectoires
s'annuleront exactement les unes les autres. Cependant, pour quelques ensembles de trajectoires voisines, la phase ne variera pas beaucoup d'une trajectoire à une autre. Les ondes, pour ces trajectoires-là,
ne s'annuleront pas. De telles trajectoires correspondent aux orbites de Bohr autorisées.

En termes mathématiques concrets, il devenait
relativement simple, avec ces notions, de calculer les
orbites autorisées pour des atomes plus complexes
que l'hydrogène, comme pour des molécules faites
d'un certain nombre d'atomes maintenus ensemble
par des électrons tournant sur des orbites entourant
plus d'un noyau. Depuis que la structure des molécules et leurs interactions sous-tendent toute la
chimie et la biologie, la mécanique quantique nous
permet en principe de prédire à peu près tout ce que

nous voyons autour de nous, à l'intérieur des limites marquées par le principe d'incertitude. (En pratique, cependant, les calculs nécessaires pour des systèmes de plus de quelques électrons sont si complexes que nous ne pouvons les effectuer.)

La théorie de la Relativité Générale d'Einstein semble gouverner la structure à grande échelle de l'univers. C'est une théorie que l'on qualifie de classique, c'est-à-dire qu'elle ne tient pas compte du principe d'incertitude de la mécanique quantique, comme cela devrait être le cas pour assurer sa compatibilité avec d'autres théories. Cela ne conduit à aucune divergence avec l'observation parce que les champs gravitationnels que nous expérimentons en temps normal sont très faibles. Cependant, les théories sur les singularités exposées auparavant dans cet ouvrage indiquent que le champ gravitationnel devrait devenir très fort dans deux situations au moins, trous noirs et Big Bang. Dans de tels champs forts, les effets de la mécanique quantique devraient être importants. En un sens, donc, la Relativité Générale classique, en prédisant des points de densité infinie, prédit sa propre perte, exactement comme la mécanique classique (c'est-à-dire non quantique) prédit sa perte en suggérant que les atomes devraient s'effondrer jusqu'à une densité infinie. Nous ne disposons pas encore d'une théorie entièrement compatible qui unifierait Relativité Générale et Mécanique Quantique, mais nous connaissons un certain nombre de ses caractéristiques. Les conséquences de ces dernières sur les trous noirs et le Big Bang seront décrites dans les chapitres suivants. Pour l'instant, tournons-nous vers les récentes tentatives de fondre notre compréhension des autres forces de la nature en une seule théorie quantique unifiée.

5

PARTICULES ÉLÉMENTAIRES
ET FORCES DE LA NATURE

Pour Aristote, toute la matière dans l'univers était composée de quatre éléments de base, la terre, l'air, le feu et l'eau. Ces éléments étaient animés par deux forces : la gravité, tendance pour la terre et l'eau à couler, et la légèreté, tendance pour l'air et le feu à s'élever. Cette répartition des contenus de l'univers entre matière et forces est toujours en usage aujourd'hui.

Aristote croyait aussi que la matière était continue, c'est-à-dire que l'on pouvait diviser un bout de matière en morceaux de plus en plus petits, à l'infini : on ne pourrait jamais tomber sur un grain de matière qui ne pourrait plus être divisé. Quelques Grecs, cependant, comme Démocrite, tenaient que la matière était granuleuse en soi et que tout était fait d'un grand nombre de différentes sortes d'atomes. (Le mot *atome* signifie « insécable » en grec). Pendant des siècles, la controverse continua sans aucune preuve réelle ni d'un côté ni de l'autre. Mais en 1803, le chimiste et physicien britannique John Dalton fit remarquer que le fait que les composés chimiques étaient toujours combinés dans certaines proportions pouvait s'expliquer si l'on regroupait les atomes pour former des unités appelées molécules. Cependant, le débat entre les deux écoles de pensée ne fut réelle-

ment clos en faveur des atomistes que dans les premières années de ce siècle. L'un des éléments importants de la preuve physique fut fournie par Einstein.
Dans un article écrit en 1905, quelques semaines
avant le célèbre article sur la Relativité Restreinte,
Einstein faisait remarquer que ce que l'on appelait le
mouvement brownien – le mouvement irrégulier, au
hasard, de petites particules de poussière en suspen-
sion dans un liquide – pouvait être expliqué comme
l'effet des atomes du liquide entrant en collision avec
les particules de poussière.

A ce moment-là, on soupçonnait déjà que ces
atomes n'étaient peut-être pas insécables, après tout.
Quelques années auparavant, un membre du Trinity
College à Cambridge, J. J. Thomson, avait démontré
l'existence d'une particule de matière, appelée électron, qui avait une masse de moins du millième de
celle de l'atome le plus léger. Il utilisa un dispositif
semblable à un tube écran moderne de TV : un fila-
ment de métal chauffé à blanc émettait des électrons,
et comme ceux-ci avaient une charge électrique négative, un champ électrique pouvait être utilisé pour les
accélérer vers un écran enduit d'un produit phos-
phorescent. Lorsqu'ils heurtaient l'écran, des flashes
de lumière se produisaient. On se rendit compte bientôt que ces électrons devaient venir de l'intérieur des
atomes eux-mêmes, et en 1911 finalement, le physicien britannique Ernest Rutherford montra que les
atomes de matière ont bien une structure interne : ils
sont faits d'un noyau extrêmement petit, chargé positivement, autour duquel tournent un certain nombre
d'électrons. Il l'avait déduit en analysant comment
les particules alpha – particules chargées positivement émises par des atomes radioactifs – sont déviées
lorsqu'elles entrent en collision avec des atomes.

D'abord, on estima que le noyau de l'atome était
fait d'électrons et d'un certain nombre variable de

particules chargées positivement appelées protons, d'après le mot grec signifiant « premier », parce qu'on pensait que c'était l'élément fondamental constituant la matière. Cependant, en 1932, un collègue de Rutherford à Cambridge, James Chadwick, découvrit que le noyau comprenait une autre particule, appelée le neutron, qui avait à peu près la même masse que le proton mais pas de charge électrique. Chadwick reçut le prix Nobel pour sa découverte et fut élu « Master » du Gonville and Caius College, à Cambridge (collège auquel j'appartiens). Il démissionna par la suite à cause de divergences entre lui et les autres membres. Une très amère discussion avait eu lieu lorsqu'un groupe de jeunes, au retour de la guerre, avait voté la mise à l'écart des cours d'un grand nombre de membres plus âgés qui avaient longtemps enseigné. C'était avant mon époque; je suis entré dans cette institution en 1965, à la fin de ce conflit, lorsque des divergences semblables obligèrent un autre « Master » prix Nobel, Sir Nevil Mott, à démissionner également.

Jusqu'à il y a vingt ans environ, on pensait que les protons et les neutrons étaient des particules « élémentaires », mais les expériences au cours desquelles les protons entraient en collision avec d'autres protons ou des électrons à grande vitesse révélèrent qu'ils étaient eux-mêmes composés de particules plus petites. Ces particules furent appelées « quarks » par le physicien Murray Gell-Mann, de Caltech, qui reçut le prix Nobel en 1969. L'origine de ce nom est une mystérieuse citation de James Joyce : « Trois quarks pour Môssieur Mark! » Le mot « quark » se prononce comme « quart », mais avec un *k* à la fin au lieu de *t*, et il rime d'habitude avec « lark »[1].

Il y a un certain nombre de variétés différentes de

---

1. *Lark* signifie « blague » ou « alouette » en anglais. *(NdT.)*

quarks : ils possèdent au moins six « saveurs [2] » que nous dénommons up, down, strange, charmed, bottom et top. Chaque saveur peut avoir elle-même trois « couleurs », rouge, verte et bleue. (Insistons sur le fait que ces termes ne sont que des étiquettes : les quarks sont beaucoup plus petits que la longueur d'onde de la lumière visible et donc ne possèdent aucune couleur au sens habituel du terme. Simplement, les physiciens modernes semblent faire preuve de plus d'imagination pour baptiser les nouvelles particules et les phénomènes – ils ne se limitent plus aux étymologies issues du grec!) Un proton ou un neutron est fait de trois quarks, chacun d'une couleur. Un proton contient deux quarks up et un quark down; un neutron en contient deux down et un up. Nous pouvons créer des particules faites à partir des autres quarks (strange, charmed, bottom et top), mais elles ont toutes une masse bien plus grande et se désintègrent rapidement en protons et en neutrons.

Nous savons aujourd'hui que ni les atomes ni même les protons ou les neutrons ne sont indivisibles. Alors, quelles sont les véritables particules élémentaires, ces briques de construction de base dont tout est fait? Puisque la longueur d'onde de la lumière est beaucoup plus grande que la taille d'un atome, nous ne pouvons espérer « voir » les différentes parties d'un atome au sens premier du terme. Il nous faut avoir recours à quelque chose qui possède une longueur d'onde beaucoup plus petite. Comme nous l'avons vu au chapitre précédent, la mécanique quantique nous dit que toutes les particules sont en fait des ondes et que plus grande sera l'énergie de la particule, plus petite sera sa longueur d'onde correspondante. Aussi la meilleure réponse

2. Ces six saveurs conservent en français leur nom anglais et, surtout, l'abréviation de ce nom : u, d, s, c, b, t. *(NdT.)*

que nous puissions fournir à notre question dépend-
elle de la grandeur de l'énergie de la particule, parce
que cela déterminera la petitesse de l'échelle de longueur avec laquelle nous pourrions la voir. Ces énergies de particules sont couramment mesurées en unités appelées électrons-volts. (Dans les expériences de
Thomson sur les électrons, nous avons vu qu'il avait
utilisé un champ électrique pour accélérer les électrons; l'énergie qu'un électron gagne dans un champ
électrique d'un volt représente ce que l'on appelle un
électron-volt.) Au XIXᵉ siècle, lorsque les seules énergies de particules que l'on savait utiliser étaient les
énergies basses de quelques électrons-volts engendrées par des réactions chimiques comme l'oxyda-
tion, on pensait que les atomes étaient les plus petites
unités au monde. Dans l'expérience de Rutherford,
les particules alpha ont une énergie de plusieurs millions d'électrons-volts. Plus récemment, nous avons
appris à utiliser des champs électromagnétiques pour
produire des particules énergétiques de millions puis
de milliards d'électrons-volts. Ainsi, nous savons que
les particules que nous pensions être « élémentaires »
il y a vingt ans sont, en fait, constituées de particules
plus petites. Vont-elles, alors que nous atteindrons
des énergies plus élevées, se révéler à leur tour constituées d'entités encore plus petites? C'est certainement possible, mais nous avons quelques bonnes raisons théoriques de penser que nous possédons, ou que
nous ne sommes pas loin de posséder la connaissance
des ultimes briques de construction de la nature.

Par le truchement de la dualité onde/particule pré-
sentée dans le précédent chapitre, tout dans l'univers,
y compris la lumière et la gravité, peut être décrit en
termes de particules. Celles-ci possèdent une propriété appelée « spin ». Une façon de se représenter
ce spin est d'imaginer les particules comme des
petites toupies tournant autour d'un axe. Attention,

cela peut être trompeur : la mécanique quantique
précise que les particules n'ont aucun axe bien défini.
Ce que le spin d'une particule représente réellement,
c'est son aspect lorsqu'on la regarde depuis des directions différentes. Une particule de spin 0 est comme
un point : elle est semblable depuis toutes les directions (fig. 5.1-i). Au contraire, une particule de spin 1
est comme une flèche : elle apparaît différente selon
différentes directions (fig. 5.1-ii). Ce n'est que
lorsqu'on lui fait accomplir une révolution complète
(360 degrés) que la particule retrouve le même
aspect. Une particule de spin 2 est comme une flèche
à double tête (fig. 5.1-iii) : elle est identique au bout
d'une demi-révolution (180 degrés). De façon similaire, les particules de spin plus élevé auront le même
aspect si on leur fait accomplir de plus petites frac-
tions d'une complète révolution. Tout cela semble
bien simple, mais le fait remarquable est qu'il y a des
particules qui ne se ressemblent pas si on leur fait
accomplir seulement une révolution : deux révolutions complètes seront nécessaires pour qu'elles
reprennent leur aspect d'origine! De telles particules
ont un spin 1/2.

Toutes les particules connues dans l'univers peuvent
être réparties en deux groupes : celles de spin demi-
entier qui constituent la matière de l'univers, et celles
de spin 0, 1 et 2, qui, nous le verrons, donnent
naissance aux forces agissant entre les particules de
matière [3]. Les particules de matière obéissent au
« principe d'exclusion » de Pauli, découvert en 1925
par le physicien autrichien Wolfgang Pauli – ce pour
quoi il reçut le prix Nobel en 1945. Cet homme était
l'archétype du physicien théoricien : on disait de lui
que sa seule présence dans une ville faisait que les
expériences y rataient! Son principe d'exclusion dit

---

3. Elles seront baptisées « particules supports-de-force » ou « parti
cules virtuelles ».

que deux particules semblables ne peuvent exister dans le même état, c'est-à-dire qu'elles ne peuvent occuper ensemble la même position ni avoir la même vitesse, à l'intérieur des limites tracées par le principe d'incertitude. Ce principe est crucial parce qu'il explique pourquoi les particules de matière ne s'effondrent pas dans un état de densité très haute sous l'influence des forces produites par les particules de spin 0, 1 et 2 : si les particules de matière ont vraiment des positions très proches, elles doivent avoir des vitesses différentes, ce qui signifie qu'elles ne resteront pas dans la même position longtemps. Si le monde avait été créé sans le principe d'exclusion, les quarks n'auraient pu former des protons et des neutrons séparés et bien définis. Pas plus que ceux-ci n'auraient pu, avec les électrons, former des atomes séparés et bien définis. Ils se seraient tous effondrés pour former une « soupe » grossièrement uniforme et dense.

Une interprétation recevable de l'électron et des autres particules de spin demi-entier vit le jour en 1928, avec une théorie proposée par Paul Dirac, qui fut par la suite élu à la chaire Lucasienne de mathématiques de Cambridge (la même que celle que Newton occupa en son temps, et que je tiens aujourd'hui). La théorie de Dirac était la première du genre combinant la mécanique quantique et la Relativité Restreinte. Elle explique mathématiquement pourquoi l'électron a un spin demi-entier, c'est-à-dire pourquoi il ne se ressemble pas si vous ne le tournez que d'un tour complet sur lui-même, alors qu'il reprend son apparence au bout de deux révolutions. Elle prédisait également que l'électron devait avoir un partenaire : l'anti-électron ou positron. La découverte du positron en 1932 confirmawla théorie de Dirac et lui valut de recevoir le prix Nobel en 1933. Nous savons aujourd'hui que toute particule a son anti-particule avec laquelle elle peut s'annihiler. (Dans le cas des particules supports-de-force, les anti-particules sont les mêmes que les particules elles-mêmes.) Il pourrait exister des anti-mondes et des anti-gens fait d'anti-particules. Cependant, si vous rencontrez votre anti-vous, ne lui serrez pas la main! Vous disparaîtriez tous deux dans un grand éclair de lumière. Pourquoi semble-t-il y avoir beaucoup plus de particules que d'anti-particules autour de nous? C'est une question très importante et j'y reviendrai dans la suite de ce chapitre.

En mécanique quantique, les forces – ou inter-actions entre particules de matière – sont toutes sup-posées être véhiculées par des particules de spin entier, 0, 1 ou 2. Une particule de matière, comme un électron ou un quark, émet une particule support-de-force. Le recul dû à cette émission modifie la vitesse de la particule de matière. La particule support-de-force heurte ensuite une autre particule de matière et est absorbée. La collision modifie la vitesse de la seconde particule, exactement comme s'il y avait eu une force entre les deux particules de matière.

Le fait qu'elles n'obéissent pas au principe d'exclu-sion est une importante propriété des particules sup-ports-de-force. Cela signifie qu'il n'y a pas de limite au nombre de particules qui peuvent être échangées, aussi peuvent-elles donner naissance à une force forte. Cependant, si les particules supports-de-force ont une masse élevée, il sera difficile de les produire et de les échanger à grande distance. Aussi, les forces qu'elles supportent n'auront-elles qu'un faible rayon d'action. D'un autre côté, si les particules supports-de-force n'ont aucune masse en elles-mêmes, les forces qu'elles génèrent pourront avoir un grand rayon d'action. Ces particules supports-de-force échangées entre particules de matière sont appelées « virtuelles » parce que, contrairement aux véritables particules, elles ne peuvent être directement mises en évidence par un détecteur de particules. Nous savons qu'elles existent, cependant, parce qu'elles ont un effet mesurable : elles donnent naissance à des interactions entre particules de matière. Les particules de spin 0, 1 ou 2 existent aussi dans certaines circonstances en tant que particules réelles, lorsqu'elles peuvent être détectées directement. Elles nous apparaissent alors comme ce qu'un physicien classique appellerait des ondes, telles des ondes de lumière ou des ondes gravitationnelles. Elles peuvent quelquefois être émises quand des particules de matière interagissent entre elles en en échangeant. (Par exemple, la force électrique répulsive entre deux électrons est due à l'échange de photons virtuels, ce que l'on ne peut jamais détecter directement; mais si un électron en frôle un autre, de vrais photons peuvent être émis que nous détectons sous forme d'ondes lumineuses.)

Les particules supports-de-force peuvent être regroupées en quatre catégories selon l'intensité de la force qu'elles supportent et les particules avec lesquelles elles interagissent. Soulignons quand même que cette division en quatre classes est artificielle; c'est pratique pour l'établissement de théories partielles, mais cela ne correspond à rien de plus profond. En fin de compte, un grand nombre de physiciens espèrent trouver une théorie unifiée qui ferait des quatre forces quatre aspects différents d'une force unique. La plupart des physiciens estiment que c'est l'objet principal de la physique d'aujourd'hui. Récemment, des tentatives couronnées de succès ont unifié trois de ces quatre catégories de forces – et je les décrirai dans ce chapitre; quant à y joindre la quatrième – la gravité –, nous aborderons la question plus tard.

Première catégorie : la force gravitationnelle. Cette force est universelle, c'est-à-dire que chaque particule ressent la force de la gravité en fonction de sa masse et de son énergie. La gravité est la plus faible des quatre forces à distance; elle est si faible que nous ne l'aurions pas remarquée sans ses deux propriétés spéciales : elle peut agir à très grande distance et elle est toujours attractive. Cela veut dire que les forces gravitationnelles très faibles entre les particules individuelles de deux gros corps comme la Terre et le Soleil peuvent toutes s'additionner pour produire une force significative. Les trois autres forces ont un plus faible rayon d'action ou bien sont quelquefois attractives et quelquefois répulsives, ce qui les conduit à s'annuler. Lorsqu'on envisage le champ gravitationnel en mécanique quantique, la force entre deux particules de matière est décrite comme étant supportée par une particule de spin 2 appelée graviton. Celle-ci n'a pas de masse en elle-même, aussi la force qu'elle supporte est-elle à long rayon d'action. La force gravitationnelle entre le Soleil et la Terre est attribuée à l'échange de gravitons entre les particules qui constituent ces deux corps. Bien que les particules échangées soient virtuelles, elles produisent effectivement un effet mesurable : la Terre tourne autour du Soleil! Des gravitons réels sont à la source de ce que les physiciens classiques appellent des ondes gravitationnelles, qui sont très faibles – et si difficiles à détecter qu'elles n'ont jamais encore été observées.

La seconde catégorie est la force électromagnétique qui interagit avec les particules chargées électriquement comme les électrons et les quarks, mais pas avec les particules non chargées comme les gravitons. Elle est plus puissante que la force gravitationnelle. Entre deux électrons, la force électromagnétique est quelque un million de milliards de milliards de milliards de milliards de fois (un 1 avec 42 zéros derrière) plus grande que la force gravitationnelle. Cependant, il y a deux sortes de charges électriques, la positive et la négative. La force entre deux charges positives sera répulsive, comme le sera la force entre deux charges négatives, mais entre une charge positive et une charge négative, cette force sera attractive. Un grand corps, comme la Terre ou le Soleil, contient à peu près un nombre égal de charges positives et de charges négatives. Aussi, les forces attractives et répulsives entre particules individuelles s'annulent-elles à peu près les unes les autres; on ne constate qu'une très faible force électromagnétique résiduelle entre eux. Mais à l'échelle des atomes et des molécules, les forces électromagnétiques dominent. L'attraction électromagnétique entre des électrons chargés négativement et des protons chargés positivement dans un noyau fait que les électrons tournent autour du noyau de l'atome, exactement comme l'attraction gravitationnelle fait que la Terre tourne autour du Soleil. L'attraction électromagnétique est due à l'échange d'un certain nombre de particules virtuelles sans masse, de spin 1, appelées photons. Encore une fois, ces photons échangés sont des particules virtuelles. Cependant, lorsqu'un électron saute d'une orbite autorisée à une autre plus près du noyau, de l'énergie est libérée et un véritable photon est émis – ce que l'on peut observer sous forme de lumière visible par l'œil si le phénomène possède une longueur d'onde adéquate, sinon grâce à un détecteur de photons, un film photographique, par exemple. De même, si un photon réel heurte un atome, il peut faire sauter un électron d'une orbite proche du noyau sur une orbite plus éloignée. Pour cela, l'énergie du photon sera utilisée et le photon sera donc absorbé.

La troisième catégorie est celle de l'interaction nucléaire faible, responsable de la radioactivité, et qui agit sur toutes les particules de matière de spin demi-entier, mais pas sur les particules de spin, 0, 1

ou 2 comme les photons ou les gravitons. L'interaction nucléaire faible ne fut bien comprise qu'en
1967 quand Abdus Salam, de l'Imperial College à
Londres, et Steven Weinberg, de Harvard, proposèrent ensemble les théories qui unifièrent son interaction avec la force électromagnétique, de la même
façon que Maxwell avait unifié l'électricité et le
magnétisme environ cent ans plus tôt. Ils ont suggéré
qu'en plus du photon, il existerait trois autres particules de spin 1, connues collectivement sous le nom
de bosons vectoriels lourds, médiateurs de l'interaction faible. Baptisés W^+ (prononcez : W plus), W^-
(prononcez : W moins) et Z^0 (prononcez : Z zéro),
chacun aurait une masse d'environ 100 GeV (GeV
signifie giga-électron-volt ou milliard d'électrons-
volts). La théorie de Weinberg-Salam met en évidence une propriété connue sous le nom de « brisure
spontanée de symétrie ». Cela signifie qu'un certain
nombre de particules semblent être complètement
différentes les unes des autres à basse énergie mais se
révèlent en fait être des particules du même type
dans des états différents. A de hautes énergies, toutes
ces particules se conduisent de façon similaire.
L'effet est semblable au comportement de la bille au
jeu de la roulette. A de hautes énergies (quand la
roue est lancée fortement), la bille se conduit essentiellement de la même façon : elle accomplit révolution sur révolution. Mais lorsque la roue ralentit,
l'énergie de la bille décroît et cette dernière finit par
tomber dans l'une des trente-sept cases. En d'autres
termes, à basse énergie, il y a trente-sept états différents dans lesquels la bille peut se trouver. Si, pour
une raison ou pour une autre, nous ne pouvions observer la bille qu'à basse énergie, nous pourrions alors
penser qu'il y a trente-sept types de billes différents !
    Dans la théorie de Weinberg-Salam, à des énergies
supérieures à 100 GeV, les trois nouvelles particules

et le photon devraient tous se conduire de la même manière. Mais aux énergies plus basses des particules que l'on rencontre dans des situations plus normales, cette symétrie entre particules devrait être brisée. W+, W- et Z° devraient acquérir de grandes masses, faisant que les forces dont ils seraient les médiateurs n'auraient qu'un très court rayon d'action. A l'époque où Salam et Weinberg proposèrent leur théorie, quelques personnes les crurent mais les accélérateurs de particules n'avaient pas assez de puissance pour atteindre les énergies de l'ordre des 100 GeV requis pour produire de vraies particules W+, W- et Z°. Cependant, dans la décennie qui a suivi, les autres prédictions à basse énergie de leur théorie s'accordèrent si bien à l'expérience qu'en 1979 ils obtinrent le prix Nobel de physique en même temps que Sheldon Glashow, de Harvard également, qui avait suggéré, lui, des théories unifiées semblables pour les forces électromagnétique et les interactions nucléaires faibles. Le comité Nobel respira plus librement en 1983 quand furent découverts au CERN (Centre européen de recherche nucléaire) les trois partenaires massifs du photon, avec les masses qui avaient été correctement prédites, ainsi que d'autres propriétés. Carlo Rubbia, qui dirigeait l'équipe de quelques centaines de physiciens qui fit cette découverte, reçut le prix Nobel en 1984 en même temps que Simon van der Meer, l'ingénieur du CERN qui développa le système de stockage d'anti-matière employé. (Il est très difficile de faire quelque chose en physique expérimentale ces temps-ci si vous n'êtes pas vraiment en haut de la pyramide!)

Quatrième et dernière catégorie : l'interaction nucléaire forte, qui retient les quarks ensemble dans le proton et le neutron, et protons et neutrons ensemble dans le noyau de l'atome. On pense que cette force est véhiculée par une autre particule de spin 1, appelée gluon, qui interagit seulement avec lui-même et avec les quarks. L'interaction nucléaire forte a une curieuse propriété baptisée « confinement » : elle relie toujours des particules selon des combinaisons qui n'ont pas de couleurs. On ne peut trouver un quark unique qui aurait donc une couleur (rouge, vert ou bleu). Au lieu de cela, un quark rouge doit être relié à un quark vert et à un bleu par un « anneau » de gluons (rouge + vert + bleu = blanc). Un tel triplet constitue un proton ou un neutron. Autre possibilité : une paire quark/anti-quark (rouge + anti-rouge; vert + anti-vert ou bleu + anti-bleu = blanc). De telles combinaisons représentent des particules connues sous le nom de mésons, qui sont instables parce que le quark et l'anti-quark peuvent s'annihiler l'un l'autre en produisant des électrons et d'autres particules. De façon similaire, le confinement empêche qu'il existe un gluon solitaire, parce que les gluons ont aussi leur couleur. On doit donc avoir une collection de gluons dont les couleurs s'additionnent pour donner du blanc. Une telle collection forme une particule instable appelée boule de gluons (« glueball »).

Le fait que le confinement nous empêche d'observer un quark ou un gluon isolés pourrait rendre quelque peu métaphysique la notion de quark et de gluon en tant que particules. Cependant, il y a une autre propriété de l'interaction nucléaire forte, appelée « liberté asymptotique », qui fait que les concepts de quarks et de gluons sont bien définis. A une énergie normale, l'interaction nucléaire forte est vraiment forte et elle lie solidement les quarks ensemble. Cependant, les expériences sur de grands accélérateurs de particules montrent que, à des hautes énergies, l'interaction forte devient plus faible et que quarks et gluons se comportent exactement comme des particules libres. La fig. 5.2 montre une photo-

graphie de la collision entre un proton de haute énergie et un anti-proton. Quelques quarks presque libres
sont produits et donnent naissance aux « jets » des
trajectoires figurant sur cette photographie.

Le succès de l'unification des forces électromagnétique et nucléaire faible a conduit à un certain
nombre de tentatives pour combiner ces deux forces
avec l'interaction nucléaire forte, en ce que l'on a
baptisé la « théorie de la grande unification » (ou
GUT) [4]. Ce titre est un rien pompeux : les théories
qui en résultent ne sont pas si grandioses, pas plus
qu'elles n'unifient, puisqu'elles n'incluent pas la gravité. Elles ne sont pas non plus de véritables théories
complètes puisqu'elles contiennent un certain nombre
de paramètres dont les valeurs ne peuvent être prédites à partir de la théorie mais doivent être choisies
pour coller à l'expérience. Néanmoins, elles constituent un pas en direction de la théorie complète, parfaitement unifiée. L'idée de base de la GUT est la
suivante : comme nous l'avons déjà vu, l'interaction
nucléaire forte s'affaiblit à de hautes énergies et les
forces électromagnétiques et faible qui ne sont pas
asymptotiquement libres deviennent plus fortes. A
une très haute énergie, appelée énergie de la grande
unification, ces trois forces pourraient toutes avoir la
même puissance et, ainsi, n'être que trois aspects
d'une force unique. La GUT prédit ainsi qu'à cette
énergie-là, les différentes particules de matière de
spin demi-entier, comme les quarks et les électrons,
devraient également être essentiellement les mêmes,
de manière à accomplir ainsi une autre unification.

La valeur de l'énergie de grande unification n'est
pas très bien connue mais elle devrait probablement
tourner autour du milliard de millions de GeV.
L'actuelle génération d'accélérateurs de particules
peut faire se heurter des particules à des énergies

4. De l'anglais *Grand Unified Theory*, ou GUT. *(NdT.)*

d'environ une centaine de GeV et de futurs grands
instruments devraient permettre d'augmenter cette
énergie à quelques milliers de GeV. Mais un dispositif suffisamment puissant pour accélérer des particules à hauteur de l'énergie de grande unification
devrait être aussi grand que le Système Solaire lui-
même – et n'aurait que peu de chances d'être financé
dans le climat d'économie actuel. Aussi est-il impossible de tester directement au laboratoire les théories
de grande unification. Cependant, exactement
comme dans le cas de la théorie unifiée de l'électro-
magnétisme et de l'interaction faible, certaines
conséquences à basse énergie peuvent être vérifiées.

La plus intéressante d'entre elles est la prédiction
selon laquelle les protons, qui constituent la majorité
de la masse de la matière ordinaire, peuvent sponta-
nément se désintégrer en particules plus légères
comme des anti-électrons. La raison pour laquelle ce
phénomène est possible est qu'au niveau de l'énergie
de grande unification, il n'y a pas de différence essen-
tielle entre un quark et un anti-électron. Les trois
quarks à l'intérieur d'un proton n'ont normalement
pas assez d'énergie pour se changer en anti-électrons
mais, très occasionnellement, l'un d'entre eux peut
acquérir suffisamment d'énergie pour opérer ce passage – le principe d'incertitude signifie que l'énergie
des quarks à l'intérieur du proton ne peut être fixée
exactement. Le proton devrait alors se désintégrer.
La probabilité pour qu'un quark gagne suffisamment
d'énergie est si faible que l'on devrait attendre pour
que cela se produise au moins mille millards de milliards de milliards d'années (un 1 suivi de 30 zéros).
C'est bien plus long que le temps écoulé depuis le Big
Bang qui est d'environ dix milliards d'années (un 1
suivi de 10 zéros). Aussi pourrait-on penser que la
possibilité de la désintégration spontanée d'un proton
ne pourrait pas être vérifiée par l'expérience. Cepen-

dant, on peut augmenter la chance de détecter une désintégration de ce genre en observant une grande quantité de matière contenant un très grand nombre de protons. (Si, par exemple, on observe un nombre de protons égal à 1 suivi de 32 zéros sur une période d'un an, on devrait s'attendre, selon la GUT la plus simple, à observer plus d'une désintégration.)

Un certain nombre d'expériences de ce type ont été menées, mais nul n'a encore pu produire la preuve définitive de la désintégration du proton ou du neutron. Une expérience a utilisé huit mille tonnes d'eau dans la mine de Morton Salt dans l'Ohio (pour éviter que d'autres événements, causés par des rayons cosmiques, ne puissent être confondus avec la désintégration du proton). Puisque rien n'a pu être observé lors de cette expérience, on a pu calculer que la durée de vie moyenne du proton devait être supérieure à dix mille milliards de milliards de milliards d'années (un 1 suivi de 31 zéros). C'est plus long que la durée de vie prédite par la théorie de la grande unification la plus simple, mais des théories plus élaborées prévoient une durée de vie encore plus longue. Des expériences plus sensibles mettant en jeu des quantités de matière encore plus importantes seront nécessaires pour les tester.

Même s'il est très difficile d'observer la désintégration spontanée du proton, cela peut provenir du fait que notre propre existence est la conséquence du processus inverse, la production de protons, ou plus simplement de quarks, à partir d'une situation initiale dans laquelle il n'y avait pas plus de quarks que d'anti-quarks, ce qui est la façon la plus naturelle d'imaginer l'univers à ses débuts. La matière sur terre est faite principalement de protons et de neutrons, qui à leur tour sont faits de quarks. Il n'y a pas d'anti-protons ou d'anti-neutrons fabriqués à partir d'anti-quarks, en dehors des quelques unités que les

physiciens ont produites dans les grands accélérateurs de particules. Nous avons la preuve, grâce aux
rayons cosmiques, qu'il en est de même pour toute la
matière dans notre univers : il n'existe pas d'anti-
protons ou d'anti-neutrons, si l'on excepte, en petit
nombre, ceux produits comme paire particule/anti-
particule dans les collisions à hautes énergies. S'il y
avait de grandes régions d'anti-matière dans notre
Galaxie, nous devrions nous attendre à observer de
grandes quantités de rayonnement en provenance des
limites entre les régions de matière et d'anti-matière,
où de nombreuses particules devraient se heurter à
leurs anti-particules, s'annihilant les unes les autres
en donnant naissance à un rayonnement de haute
énergie.

Nous n'avons pas plus de preuves directes en ce
qui concerne la matière des autres galaxies : protons
et neutrons, ou anti-protons et anti-neutrons, cela doit
être ou l'un ou l'autre; il ne peut y avoir de mélange
au sein d'une même galaxie, sinon nous devrions
observer le flot de rayonnement des annihilations correspondantes. Nous pensons donc que toutes les
galaxies sont composées de quarks plutôt que d'anti-
quarks; il semble peu plausible que quelques galaxies
puissent être constituées de matière et d'autres
d'anti-matière.

Pourquoi y aurait-il beaucoup plus de quarks que
d'anti-quarks? Pourquoi n'y en a-t-il pas autant? Il
est certainement heureux pour nous que ces quantités
ne soient pas égales parce que, si elles avaient été
identiques, tous les quarks et anti-quarks voisins se
seraient annihilés les uns les autres dans l'univers primitif et auraient laissé un univers empli de rayonnement mais sans guère de matière. Il n'y aurait eu
alors ni galaxies ni étoiles ni planètes sur lesquelles la
vie aurait pu se manifester. Heureusement, les théories de la grande unification peuvent expliquer que

l'univers devrait maintenant contenir plus de quarks que d'anti-quarks, même s'il a débuté avec un nombre égal de chacun d'eux. Comme nous l'avons vu, la GUT permet aux quarks de se changer en anti-électrons à hautes énergies. Elle permet également le processus inverse, anti-quarks devenant électrons, et électrons et anti-électrons devenant anti-quarks et quarks. Il y eut un moment dans l'univers très primitif où la température fut si élevée que les énergies des particules auraient pu avoir été suffisamment grandes pour permettre ces transformations. Mais pourquoi est-ce que cela a produit plus de quarks que d'anti-quarks? C'est que les lois de la physique ne sont pas tout à fait les mêmes pour les particules et pour les anti-particules.

Avant 1956, on pensait que les lois de la physique obéissaient aux trois symétries distinctes appelées C, P et T. En symétrie C, les lois sont les mêmes pour les particules et les anti-particules. En symétrie P, les lois sont les mêmes pour toute situation et son image dans un miroir (l'image dans un miroir d'une particule tournant dans le sens des aiguilles d'une montre est celle d'une particule tournant dans le sens inverse). En symétrie T, si vous inversez la direction du mouvement de toutes les particules et anti-particules, le système revient à ce qu'il était au tout début; ou, en d'autres termes, les lois sont les mêmes que vous alliez dans le sens du temps ou que vous le remontiez.

En 1956, deux physiciens américains, Tsung-Dao Lee et Chen Ning Yang, ont suggéré que l'interaction faible n'obéirait pas en fait à la symétrie P et qu'elle laisserait l'univers se développer d'une façon différente à partir de la façon dont l'image miroir de l'univers se développerait. La même année, leur collègue Chien-Shiung Wu prouva que leur prédiction était juste. Elle le fit en alignant des noyaux d'atomes radioactifs dans un champ magnétique, de façon à ce qu'ils tournent tous dans le même sens, et elle montra que les électrons émis l'étaient plus souvent dans une direction que dans une autre. L'année suivante, Lee et Yang reçurent le prix Nobel pour cette idée. On avait aussi trouvé que l'interaction faible n'obéissait pas à la symétrie C. Cela voulait dire qu'un univers composé d'anti-particules se comporterait différemment du nôtre. Néanmoins, il semblait que l'interaction faible obéissait à la symétrie combinée CP. C'est-à-dire que l'univers se développerait de la même manière que son image dans le miroir si, en plus, chaque particule était échangée avec son anti-particule! Cependant, en 1964, deux autres Américains, J.W. Cronin et Val Fitch, découvrirent que même la symétrie CP n'était pas respectée dans la désintégration de certaines particules appelées les mésons K. Cronin et Fitch reçurent le prix Nobel en 1980. (Toute cette série de prix montrait que l'univers n'était pas aussi simple qu'on aurait pu le penser!)

Selon un théorème mathématique, toute théorie qui obéit à la fois à la Mécanique Quantique et à la Relativité doit aussi obéir à la symétrie combinée CPT. En d'autres termes, l'univers devrait se conduire de façon identique si l'on remplaçait les particules par des anti-particules, si l'on prenait son image miroir et si l'on inversait la direction du temps. Mais Cronin et Fitch ont montré que si l'on remplaçait les particules par des anti-particules et que l'on en prenne l'image miroir sans renverser la direction du temps, l'univers ne se conduirait pas de la même façon. Les lois de la physique changeraient si l'on inversait la direction du temps (elles n'obéissent donc pas à la symétrie T).

L'univers primitif n'obéit certainement pas à la symétrie T : comme le temps s'écoule, l'univers s'étend – s'il allait dans l'autre sens, l'univers se contracterait. Et puisqu'il y a des forces qui n'obéissent pas à la symétrie T, cela leur permet, pendant que l'univers s'étend, de fabriquer plus d'anti-électrons devenant quarks que d'électrons devenant anti-quarks. Puis, au fur et à mesure que l'univers s'étend et se refroidit, les anti-quarks s'annihilent avec les quarks, mais comme il y a plus de quarks que d'anti-quarks, on pourrait constater un léger excès de quarks. Ce sont eux qui forment la matière que nous voyons aujourd'hui et dont nous sommes nous-mêmes constitués. Ainsi, notre propre existence pourrait être considérée comme une confirmation – purement qualitative – des théories de la grande unification; les incertitudes sont telles que l'on ne peut prédire le nombre de quarks qu'aurait laissé subsister l'annihilation, ni même si ce sont des quarks ou des anti-quarks qui devraient rester. (En cas d'excès d'anti-quarks, nous aurions simplement dénommé anti-quarks les quarks et quarks les anti-quarks.)

Les théories de la grande unification n'incluent pas la force de gravité. Cela n'a pas beaucoup d'importance parce que la gravité est une force si faible que ses effets peuvent être habituellement négligés lorsque nous travaillons sur des particules élémentaires ou des atomes. Cependant, le fait qu'elle soit à la fois à grand rayon d'action et toujours attractive signifie que ses effets s'additionnent toujours. Aussi, pour un nombre suffisamment grand de particules de matière, les forces gravitationnelles finissent par dominer. C'est pourquoi la gravité détermine l'évolution de l'univers. Même pour des objets de la taille des étoiles, la force attractive de la gravitation peut l'emporter sur toutes les autres forces et causer l'effondrement stellaire. Mon travail dans les années soixante-dix fut centré sur les trous noirs qui peuvent résulter de tels effondrements stellaires et des champs gravitationnels intenses qui les entourent. D'où les premiers soupçons relatifs à la façon dont les théories de la Mécanique Quantique et de la Relativité Générale pourraient chacune affecter l'autre – bref aspect de la forme d'une théorie quantique de la gravitation encore à venir.

6

LES TROUS NOIRS

Le terme de « trou noir » est très récent. Il a été forgé en 1969 par le savant américain John Wheeler pour désigner la représentation graphique d'une idée vieille de deux cents ans, époque où deux théories de la lumière coexistaient : l'une, appuyée par Newton, tenait la lumière pour composée de corpuscules; l'autre prétendait qu'elle était une onde. Nous savons aujourd'hui que ces deux théories étaient justes. Grâce à la dualité onde/particule de la mécanique quantique, la lumière peut être considérée à la fois comme une onde et comme une particule. Dans la version ondulatoire, la réaction de la lumière à la gravité n'est pas très claire. Mais, si la lumière est composée de particules, on peut s'attendre alors à ce que celles-ci soient affectées par la gravité tout comme les boulets de canon, les fusées et les planètes. On a d'abord cru que les particules de lumière se mouvaient à une vitesse infinie, ce qui aurait empêché la gravité de les ralentir; puis, Roemer a prouvé que la lumière voyageait à vitesse finie. La gravité pouvait donc avoir un effet important sur elle.

Partant de cela, John Michell, professeur à Cambridge, a publié en 1783 dans le *Philosophical Tran-*

sactions of the Royal Society de Londres un travail
dans lequel il faisait remarquer qu'une étoile suffisamment massive et compacte aurait un champ
gravitationnel si intense que la lumière ne pourrait
s'en échapper : tout rayon de lumière émis à la surface de l'étoile serait retenu par l'attraction gravitationnelle avant qu'il n'ait pu aller très loin. Michell
suggérait qu'il pourrait y avoir un grand nombre
d'étoiles de ce genre. Bien que nous ne puissions
pas les voir – leur lumière ne nous atteignant pas –,
nous devrions cependant ressentir leur attraction
gravitationnelle. De tels objets sont ce que nous
appelons aujourd'hui des trous noirs parce que c'est
bien ce qu'ils sont : des vides noirs dans l'espace.
Une suggestion semblable fut faite quelques années
plus tard par le marquis de Laplace, savant français, apparemment de façon indépendante de
Michell. Chose fort intéressante, Laplace ne la fit
figurer que dans les première et seconde éditions de
son livre *Le Système du monde* et l'ôta par la suite ;
peut-être avait-il décidé que c'était saugrenu. (Il
faut dire aussi que la théorie corpusculaire était
passée de mode au XIXᵉ siècle ; tout semblait s'expliquer par la théorie ondulatoire, et dans ce cadre, il
n'était pas du tout évident que la lumière pût être
affectée par la gravité.)

En fait, il n'est pas très logique de traiter la
lumière comme on le fait des boulets de canon dans
la théorie newtonienne de la gravitation simplement
parce que sa vitesse est fixée. (Un boulet de canon
tiré verticalement sera ralenti par la gravité, s'arrêtera finalement et retombera ; un photon, lui, continuera sa course verticale à vitesse constante. Comment la gravité newtonienne pourrait-elle donc
affecter la lumière ?) Aucune théorie valable sur le
sujet ne vit le jour avant qu'Einstein ne propose sa
Relativité Générale en 1915. Et même alors, il fallut
un grand laps de temps avant que les implications de

cette théorie concernant les étoiles massives soient comprises.

Pour comprendre comment un trou noir peut se former, il nous faut d'abord comprendre le cycle de vie d'une étoile. Une étoile se forme lorsqu'une grande quantité de gaz (de l'hydrogène en majorité) commence à s'effondrer sur elle-même à cause de l'attraction gravitationnelle. Pendant cette contraction, les atomes de gaz se heurtent entre eux de plus en plus souvent et à des vitesses de plus en plus grandes; le gaz se réchauffe. Finalement, l'hydrogène deviendra si chaud que lorsque ses atomes se heurteront, ils ne rebondiront plus loin les uns des autres mais, au contraire, ils s'uniront pour former de l'hélium. La chaleur dégagée lors de cette réaction, qui est comme l'explosion contrôlée d'une bombe à hydrogène, fait que l'étoile brille. Cette chaleur additionnelle augmente également la pression du gaz jusqu'à ce que celle-ci soit suffisamment forte pour contrebalancer l'attraction gravitationnelle; le gaz cesse alors de se contracter. C'est un peu comme ce qui se passe dans le cas d'un ballon – il y a équilibre entre la pression de l'air à l'intérieur, qui essaie de gonfler le ballon, et la tension dans sa paroi élastique, qui tente de le rapetisser. Les étoiles garderont longtemps cette stabilité, la chaleur dégagée par leurs réactions nucléaires équilibrant l'attraction gravitationnelle. Finalement, elles arriveront au bout de leur hydrogène et des autres carburants nucléaires. De façon paradoxale, plus une étoile aura de réserves au départ, plus vite elle les brûlera : en effet plus une étoile est massive, plus elle aura besoin d'être chaude pour équilibrer l'attraction gravitationnelle. Et plus elle sera chaude, plus vite elle consommera ses ressources. Notre Soleil, lui, a probablement des réserves pour cinq autres milliards d'années environ, mais des étoiles plus massives que lui peuvent

consommer leurs réserves en quelque cent millions
d'années, soit beaucoup moins que l'âge de l'univers.
Une fois qu'une étoile a tout brûlé, elle commence à
se refroidir et à se contracter. Ce qui lui arrive alors
ne fut compris qu'à la fin des années vingt.

En 1928, un étudiant indien diplômé, Subrah-
manyan Chandrasekhar, prit le bateau pour l'Angleterre. Il venait étudier à Cambridge avec l'astronome
britannique Sir Arthur Eddington, expert en Relativité Générale. (Selon certaines sources, au début des
années vingt, un journaliste raconta à Eddington qu'il
avait entendu dire qu'il n'y avait que trois personnes
au monde qui eussent compris la Relativité Générale.
Eddington observa un petit silence puis lui dit : « Je
suis en train de me demander qui peut bien être cette
troisième personne. ») Au cours de son voyage, Chandrasekhar réfléchit à la grosseur que devrait avoir
une étoile pour pouvoir supporter sa propre masse
après avoir brûlé toutes ses réserves. L'idée était la
suivante : lorsqu'une étoile se contracte, ses particules de matière se rapprochent les unes des autres;
d'après le principe d'exclusion de Pauli, elles
devraient donc avoir des vitesses très différentes.
Elles devraient aussi s'éloigner les unes des autres et
provoquer ainsi une dilatation de l'étoile. Une étoile
pourrait donc se maintenir elle-même à un rayon
constant grâce à un équilibre entre l'attraction de la
gravité et la répulsion résultant du principe d'exclusion, exactement comme, antérieurement, la gravité
avait été contrebalancée par la chaleur.

Chandrasekhar se rendit cependant compte qu'il y
avait une limite à la répulsion que le principe d'exclusion imposait. La théorie de la Relativité limite la différence maximale entre les vitesses des particules de
matière dans l'étoile à la vitesse de la lumière. Par
conséquent, quand l'étoile serait devenue suffisamment dense, la répulsion causée par le principe

d'exclusion pourrait être inférieure à l'attraction de la gravité. Chandrasekhar calcula qu'une étoile froide ayant une masse de plus d'une fois et demie celle du Soleil ne serait pas capable de supporter sa propre gravité. (Cette limite est maintenant connue sous le nom de « limite de Chandrasekhar ».) Une découverte semblable fut faite à peu près au même moment par le savant russe Lev Davidovitch Landau.

Cela devait avoir de sérieuses répercussions sur le destin ultime des étoiles massives. Si la masse d'une étoile était inférieure à la limite de Chandrasekhar, elle pourrait finalement arrêter de se contracter et finir en « naine blanche », par exemple, avec un rayon de quelques milliers de kilomètres et une densité avoisinant la centaine de tonnes par centimètre cube. Elle serait équilibrée par la répulsion due au principe d'exclusion entre les électrons de sa matière. Il existe un grand nombre d'étoiles de ce type. L'une des premières à avoir été découverte tourne autour de Sirius, l'étoile la plus brillante du ciel nocturne.

Landau fit remarquer qu'il y avait un autre état final envisageable pour une étoile, également avec une masse limitée à une ou deux fois celle du Soleil, mais qui serait beaucoup plus petite qu'une naine blanche. Elle serait équilibrée par la répulsion associée au principe d'exclusion entre ses neutrons et ses protons plutôt qu'entre ses électrons. Ce serait donc une « étoile de neutrons ». Son rayon serait d'environ dix kilomètres et sa densité de l'ordre de centaines de millions de tonnes par centimètre cube. Au moment où l'on prédit leur existence, il n'y avait aucun moyen d'observer ces étoiles-là. Aussi ne furent-elles pas détectées avant longtemps.

Les étoiles de masse supérieure à la limite de Chandrasekhar, elles, ont de gros problèmes lorsqu'elles arrivent au bout de leurs réserves. Dans certains cas, elles peuvent exploser ou s'arranger

pour expulser de la matière afin de réduire leur
masse en deçà de cette limite et d'éviter ainsi tout
effondrement gravitationnel catastrophique; mais il
est difficile de penser que c'est un processus courant,
indépendant de la masse de l'étoile. Comment celle-ci
saurait-elle qu'il lui faut perdre du poids? Et même si
chaque étoile s'arrangeait pour en perdre suffisamment pour éviter de s'effondrer, qu'arriverait-il si
vous ajoutiez plus de masse à une naine blanche ou à
une étoile de neutrons afin de lui faire franchir la
limite? S'effondrerait-elle jusqu'à une densité infinie? Eddington fut choqué par cette conséquence et
refusa le résultat de Chandrasekhar; il pensait,
comme la majorité des savants, qu'il n'était tout simplement pas possible qu'une étoile s'effondre jusqu'à
n'être plus qu'un point. Einstein lui-même écrivit un
article dans lequel il affirma que les étoiles ne pouvaient pas se ratatiner jusqu'à la dimension zéro.
L'hostilité des autres scientifiques, et en particulier
celle d'Eddington, son maître et l'autorité en matière
de structure stellaire, convainquit Chandrasekhar
d'abandonner cet axe de recherche et de se tourner
vers d'autres problèmes d'astronomie, comme le
mouvement des amas stellaires. Cependant, il a reçu
le prix Nobel en 1983 en grande partie pour son travail antérieur sur la masse limite des étoiles froides.
    Chandrasekhar avait montré que le principe
d'exclusion pouvait ne pas stopper l'effondrement
d'une étoile de masse supérieure à la limite qui porte
son nom, mais comprendre ce qu'il arriverait à une
telle étoile d'après la Relativité Générale ne fut
donné pour la première fois qu'au jeune Américain
Robert Oppenheimer en 1939. L'issue de ses
recherches montra cependant qu'il n'y aurait aucune
conséquence observationnelle susceptible d'être
détectée par les télescopes de l'époque. Puis ce fut la
Seconde Guerre mondiale et Oppenheimer s'occupa

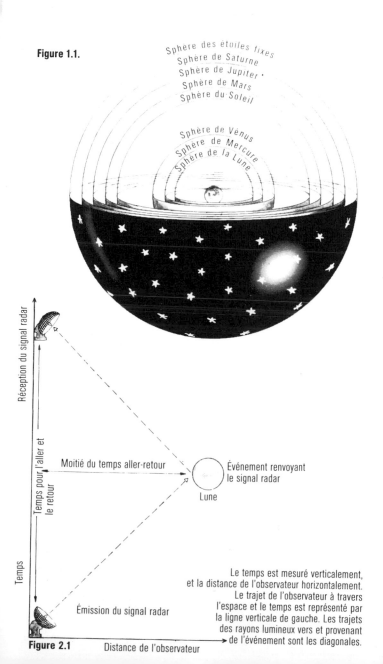

Figure 1.1.

Sphère des étoiles fixes
Sphère de Saturne
Sphère de Jupiter
Sphère de Mars
Sphère du Soleil

Sphère de Vénus
Sphère de Mercure
Sphère de la Lune

Réception du signal radar

Moitié du temps aller-retour

Temps pour l'aller et le retour

Événement renvoyant le signal radar

Lune

Temps

Le temps est mesuré verticalement, et la distance de l'observateur horizontalement. Le trajet de l'observateur à travers l'espace et le temps est représenté par la ligne verticale de gauche. Les trajets des rayons lumineux vers et provenant de l'événement sont les diagonales.

Émission du signal radar

Figure 2.1 Distance de l'observateur

Figure 2.2

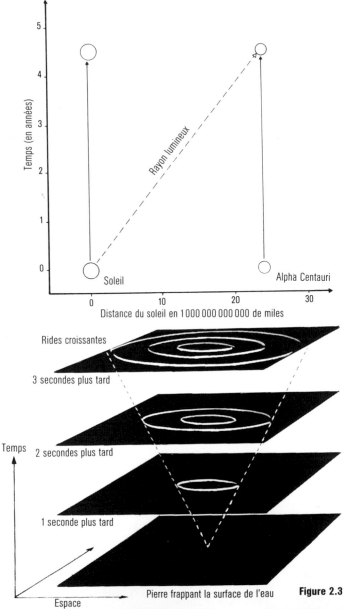

Temps (en années)

Rayon lumineux

Soleil

Alpha Centauri

Distance du soleil en 1 000 000 000 000 de miles

Rides croissantes

3 secondes plus tard

2 secondes plus tard

Temps

1 seconde plus tard

Espace

Pierre frappant la surface de l'eau

Figure 2.3

Figure 2.4

Figure 2.5

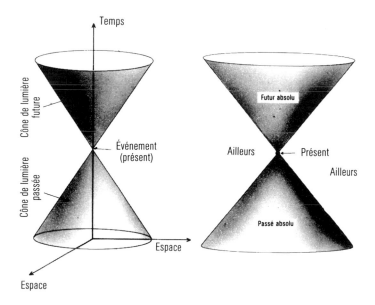

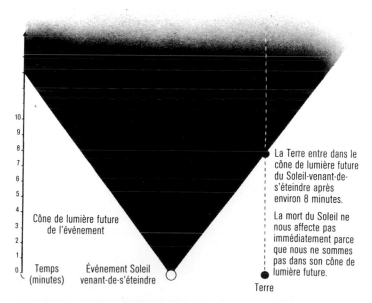

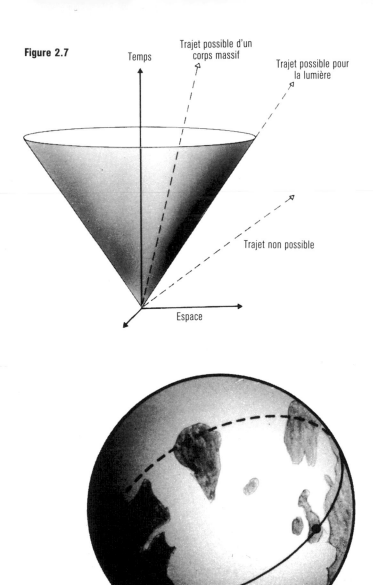

Figure 2.7

Temps

Trajet possible d'un corps massif

Trajet possible pour la lumière

Trajet non possible

Espace

GRAND CERCLE

Figure 2.8

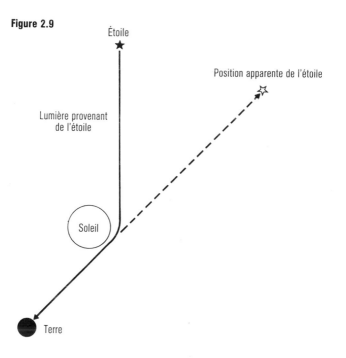

Figure 2.9

Étoile

Position apparente de l'étoile

Lumière provenant
de l'étoile

Soleil

Terre

Figure 3.1

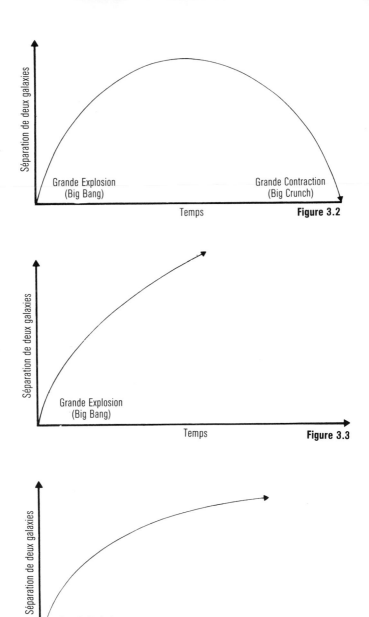

Figure 3.2

Figure 3.3

Figure 3.4

Figure 4.1

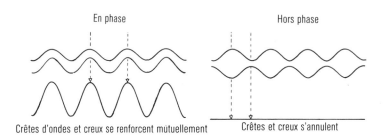

En phase

Hors phase

Crêtes d'ondes et creux se renforcent mutuellement

Crêtes et creux s'annulent

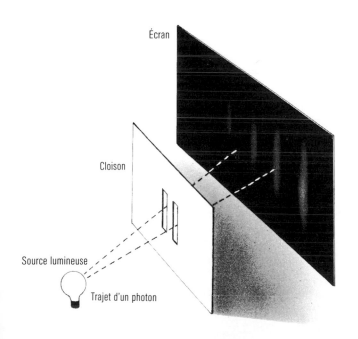

Écran

Cloison

Source lumineuse

Trajet d'un photon

Figure 4.2

Figure 5.1

(i) SPIN = 0

(ii) SPIN = 1   (iii) SPIN = 2

Collision d'un proton et d'un antiproton à haute énergie,
produisant un couple de quarks quasi-libres.

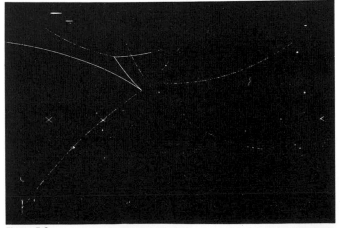

Figure 5.2

Figure 6.1

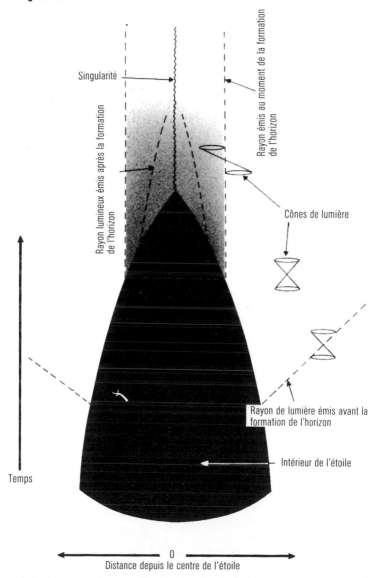

Singularité

Rayon émis au moment de la formation de l'horizon

Rayon lumineux émis après la formation de l'horizon

Cônes de lumière

Rayon de lumière émis avant la formation de l'horizon

Intérieur de l'étoile

Temps

0

Distance depuis le centre de l'étoile

Figure 6.2

La plus brillante des deux étoiles au centre de la photo est Cygnus X.1,
que l'on pense formée d'un trou noir et d'une étoile normale, en orbite autour l'un de l'autre

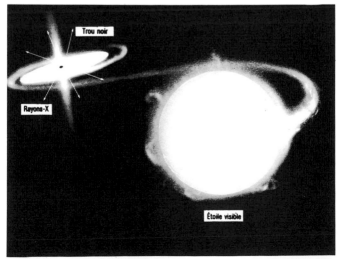

Figure 6.3

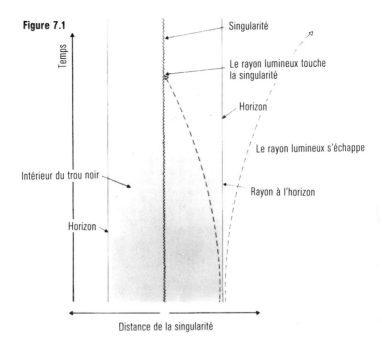

Figure 7.1

Temps

Singularité

Le rayon lumineux touche la singularité

Horizon

Le rayon lumineux s'échappe

Intérieur du trou noir

Rayon à l'horizon

Horizon

Distance de la singularité

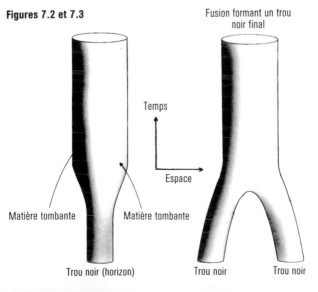

Figures 7.2 et 7.3

Fusion formant un trou noir final

Temps

Espace

Matière tombante

Matière tombante

Trou noir (horizon)

Trou noir

Trou noir

Figure 7.4

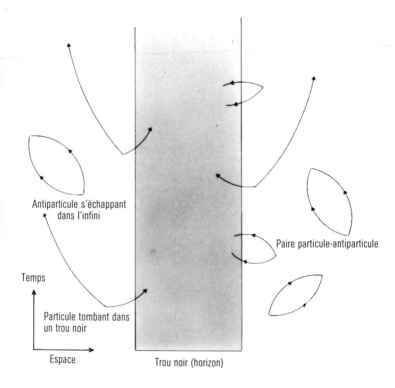

Antiparticule s'échappant
dans l'infini

Paire particule-antiparticule

Temps

Particule tombant dans
un trou noir

Espace

Trou noir (horizon)

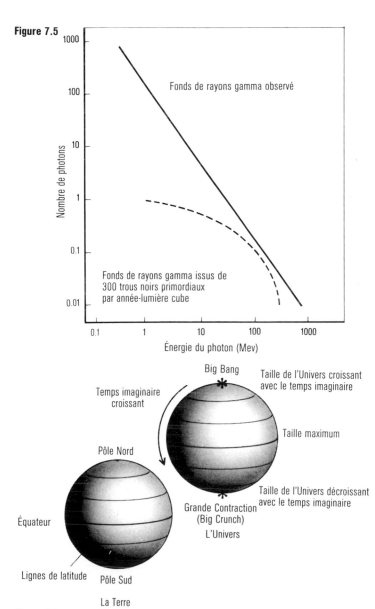

Figure 7.5

Fonds de rayons gamma observé

Nombre de photons

Fonds de rayons gamma issus de 300 trous noirs primordiaux par année-lumière cube

Énergie du photon (Mev)

Big Bang

Taille de l'Univers croissant avec le temps imaginaire

Temps imaginaire croissant

Taille maximum

Pôle Nord

Taille de l'Univers décroissant avec le temps imaginaire

Grande Contraction (Big Crunch)

L'Univers

Équateur

Lignes de latitude   Pôle Sud

La Terre

Figure 8.1

Figures 10.1 et 10.2

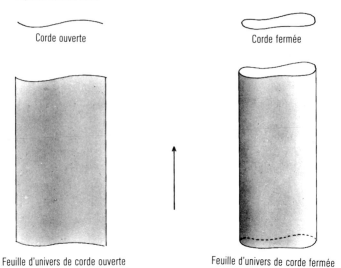

Corde ouverte

Corde fermée

Feuille d'univers de corde ouverte

Feuille d'univers de corde fermée

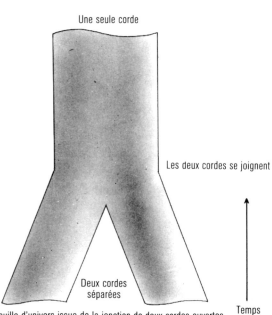

Une seule corde

Les deux cordes se joignent

Deux cordes
séparées

Temps

Figure 10.3 Feuille d'univers issue de la jonction de deux cordes ouvertes

Figure 10.4

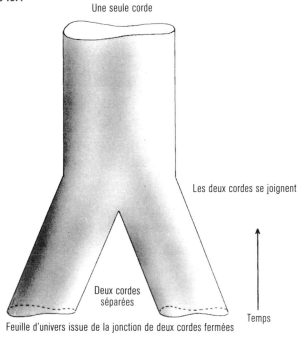

Une seule corde

Les deux cordes se joignent

Deux cordes séparées

Temps

Feuille d'univers issue de la jonction de deux cordes fermées

Graviton

Temps

Graviton

Particule dans la terre   Particule dans le Soleil

Figures 10.5 et 10.6

Particule dans la terre   Particule dans le Soleil

Figure 10.7

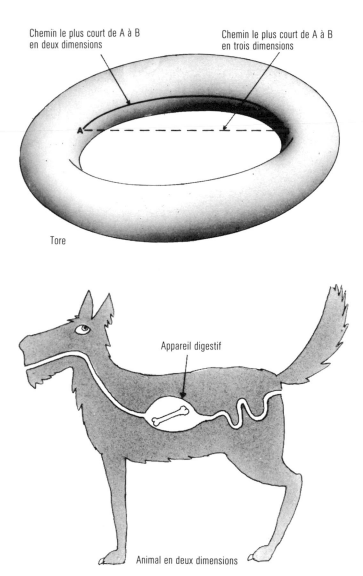

Chemin le plus court de A à B en deux dimensions

Chemin le plus court de A à B en trois dimensions

A

Tore

Appareil digestif

Animal en deux dimensions

Figure 10.8

de très près du projet de bombe atomique. Après la
guerre, le problème de l'effondrement gravitationnel
tomba dans les oubliettes, au profit des phénomènes
qui se produisent à l'échelle de l'atome et de son
noyau, auxquels la plupart des scientifiques s'intéres-
sèrent. Dans les années soixante, une forte augmentation du nombre et de la portée des observations
astronomiques – rendues possibles par l'application
de la technologie moderne – raviva l'intérêt pour les
problèmes à grande échelle en astronomie et en cosmologie. Le travail d'Oppenheimer fut alors redé-
couvert et largement diffusé.

Le tableau que nous nous faisons aujourd'hui du
travail d'Oppenheimer est le suivant : le champ gravitationnel d'une étoile modifie dans l'espace-temps
les trajectoires des rayons lumineux par rapport à ce
qu'ils auraient été si l'étoile n'avait pas été là. Les
cônes de lumière, qui indiquent les trajectoires sui-
vies dans l'espace et le temps par les éclairs lumineux
issus de leur sommet, sont déviés légèrement vers
l'intérieur près de la surface de l'étoile. Cela peut se
voir dans la courbure de la lumière venant des étoiles
lointaines observées lors d'une éclipse de Soleil. Au
fur et à mesure que l'étoile se contracte, le champ
gravitationnel à sa surface devient plus intense et le
cône de lumière est davantage dévié vers l'intérieur.
Il devient encore plus difficile à la lumière de
s'échapper de l'étoile et elle apparaîtra plus sombre
et plus rouge à un observateur éloigné. Finalement,
quand l'étoile se sera rétrécie jusqu'à un certain
rayon critique, le champ gravitationnel à sa surface
sera devenu si intense que les cônes de lumière seront
tellement déviés vers l'intérieur que la lumière ne
pourra plus s'échapper (fig. 6.1). Selon la théorie de
la Relativité, rien ne peut se déplacer plus vite que la
lumière. Aussi, si la lumière ne peut plus s'échapper,
rien d'autre ne le pourra non plus ; tout sera rattrapé

par le champ gravitationnel. On a ainsi une série d'événements, une région de l'espace-temps, d'où il n'est pas possible de s'échapper pour atteindre un observateur éloigné. Cette région est ce que nous appelons aujourd'hui un trou noir. Sa frontière s'appelle l' « horizon » et coïncide avec la trajectoire des rayons lumineux qui n'ont pu s'échapper.

Pour comprendre ce que vous pourriez voir si vous aviez sous les yeux une étoile en train de s'effondrer jusqu'à former un trou noir, rappelez-vous qu'en Relativité, il n'y a pas de temps absolu. Chaque observateur a sa propre mesure du temps. Le temps de quelqu'un sur une étoile sera différent de celui d'une personne éloignée, à cause du champ gravitationnel de l'étoile. Supposons qu'un intrépide astronaute, à la surface d'une étoile en effondrement et s'effondrant avec elle, envoie un signal toutes les secondes, en se fiant à sa montre, à son vaisseau spatial en orbite autour de l'étoile. A un instant donné à sa montre, disons 11 heures, supposons que l'étoile se rétrécisse au-dessous du rayon critique où le champ gravitationnel devient si fort que rien ne peut plus s'échapper : son signal ne pourra plus atteindre le vaisseau. Un peu avant 11 heures, ses compagnons qui l'attendent dans le vaisseau trouveraient que les intervalles entre les signaux successifs de leur collègue deviennent de plus en plus grands, mais cet effet serait minuscule avant 10 h 59 min 59 s. Ils n'auraient à attendre qu'un tout petit peu plus d'une seconde entre le signal envoyé par leur collègue à 10 h 59 min 58 s et celui que celui-ci leur aura envoyé lorsque sa montre a indiqué 10 h 59 min 59 s; mais ils attendraient à jamais le signal de 11 heures. Les ondes lumineuses émises à la surface de l'étoile entre 10 h 59 min 59 s et 11 heures, à la montre de l'astronaute, se déploieraient sur une période infinie de temps, comme on en aurait l'impression dans le vaisseau spatial. L'intervalle de temps entre l'arrivée des ondes successives serait de plus en plus grand, la lumière de l'étoile apparaîtrait de plus en plus rouge et de plus en plus faible. Finalement, l'étoile deviendrait si sombre qu'elle ne serait bientôt plus discernable du vaisseau : tout ce qu'elle aura laissé d'elle sera un trou noir dans l'espace. L'étoile, cependant, continuera à exercer la même force gravitationnelle sur le vaisseau qui continuera à tourner autour.

Ce scénario n'est pas tout à fait réaliste cependant, pour la raison suivante. Plus vous serez loin de l'étoile, plus sa gravité sera faible, aussi la force gravitationnelle appliquée aux pieds de notre intrépide astronaute sera toujours plus forte que celle appliquée à sa tête. Cette différence allongerait notre astronaute comme un spaghetti ou le déchirerait avant que l'étoile ne se soit contractée jusqu'au rayon critique où l'horizon se forme! Cependant, nous pensons qu'il y a des objets bien plus grands dans l'univers, comme les régions centrales des galaxies, qui peuvent subir des effondrements gravitationnels et former des trous noirs; sur l'un d'eux, un astronaute ne serait pas coupé en deux avant que le trou noir ne se forme. Il ne sentirait en fait rien de spécial en atteignant le rayon critique et pourrait dépasser le point de non-retour sans rien remarquer. Cependant, en quelques heures, au fur et à mesure que la région continuerait à s'effondrer, la différence entre les forces gravitationnelles appliquées à sa tête et à ses pieds deviendrait si grande qu'encore une fois, il serait déchiré.

Le travail que Roger Penrose et moi-même avons accompli entre 1965 et 1970 montre que, d'après la Relativité Générale, il doit y avoir une singularité de densité infinie et une courbure de l'espace-temps à l'intérieur d'un trou noir. C'est un peu la même chose qu'avec le Big Bang au commencement du temps, seulement là, il s'agirait de la fin des temps pour l'objet qui s'effondre et pour l'astronaute. A cette singularité, les lois de la physique et notre capacité de prévoir le futur seraient réduites à néant. Cependant, tout observateur qui resterait hors du trou noir ne serait pas gêné par cette faillite de toute prédiction, parce que ni la lumière ni aucun autre signal ne l'atteindrait depuis la singularité. Ce fait remarquable a conduit Roger Penrose à proposer l'hypothèse de la « censure cosmique », que l'on peut paraphraser par ces mots : « Dieu a horreur d'une singularité nue. » En d'autres termes, les singularités produites par un effondrement gravitationnel apparaissent seulement dans des endroits comme des trous noirs où elles sont décemment cachées à notre vue par l'horizon. Rigoureusement parlant, c'est ce que l'on connaît sous le nom d'hypothèse de censure cosmique faible : celle-ci protège les observateurs qui restent à l'extérieur du trou noir des conséquences de la faillite de toute prédiction qui apparaît à la singularité, mais cela ne change rien pour le pauvre astronaute tombé dans le trou noir!

Quelques solutions des équations de la Relativité Générale font qu'il est possible à notre astronaute de voir une singularité nue : il pourrait donc l'éviter et, à la place, tomber dans un « trou de ver » et ressortir dans une autre région de l'univers. Cela offre de nombreuses possibilités de voyages dans l'espace et dans le temps, mais malheureusement, toutes ces solutions sont hautement instables : la moindre perturbation, comme la présence d'un astronaute, les modifierait de telle sorte que l'astronaute ne pourrait voir la singularité avant qu'il ne l'ait heurtée et que son heure n'ait sonné. En d'autres termes, la singularité se tiendrait toujours dans son futur et jamais dans son passé. La version forte de l'hypothèse de censure cosmique pose, elle, que pour une solution réaliste, les singularités reposeront toujours ou bien dans le futur (comme les singularités d'effondrement gravitationnel) ou toujours dans le passé (comme le Big Bang). Il est agréable d'espérer qu'une version quelconque de l'hypothèse de censure fonctionne parce que, tout contre les singularités nues, il sera alors possible de voyager dans le passé. Bien que ce soit parfait pour les auteurs de science-fiction, cela signifierait que nul n'aurait à jamais la vie sauve : quelqu'un pourrait aller dans le passé et tuer votre père ou votre mère avant que vous ne fussiez conçu!

L'horizon, la frontière de la région de l'espace-temps d'où il n'est pas possible de s'échapper, se comporte plutôt comme une membrane que l'on ne peut traverser que dans un sens, tout autour du trou noir : les objets, comme des astronautes imprudents, peuvent tomber dans le trou noir mais rien ne pourra jamais ressortir de ce même trou noir en en franchissant l'horizon. (Rappelons-nous que l'horizon est la trajectoire dans l'espace-temps de la lumière qui tente de s'échapper du trou noir et que rien ne peut se mouvoir plus vite que la lumière.) On pourrait très bien dire de cet horizon ce que le poète Dante disait à propos de l'Enfer : « Vous qui entrez ici, perdez toute espérance. » Toute chose ou toute personne tombée à travers l'horizon atteindra bientôt la région de densité infinie et la fin des temps.

La Relativité Générale prévoit que les objets lourds qui se déplacent doivent engendrer des ondes gravitationnelles, rides dans la courbure de l'espace qui se propagent à la vitesse de la lumière. Ces ondes sont identiques à celles de la lumière, qui sont des rides dans le champ électromagnétique, mais elles sont beaucoup plus difficiles à détecter. Comme la lumière, elles transportent de l'énergie venant des objets qui les ont émises. On devrait donc s'attendre à ce qu'un système d'objets massifs s'installe finalement dans un état stationnaire parce que, lors de tout mouvement, l'énergie serait évacuée par une émission d'ondes gravitationnelles. Ce serait plutôt comme lorsqu'on lance un bouchon dans l'eau : au début, il danse beaucoup, puis, au fur et à mesure que les rides évacuent son énergie, il s'installe dans un état stationnaire. Le mouvement de la Terre tournant autour du Soleil produit ainsi des ondes gravitationnelles. L'effet de l'énergie perdue modifiera l'orbite de notre planète qui devrait se rapprocher de plus en plus du Soleil pour finir par le heurter et s'installer dans un état stationnaire. Le taux d'énergie perdue dans le cas de la Terre et du Soleil est très faible – juste assez pour faire marcher un petit radiateur électrique. Cela signifie que pendant environ des milliards de milliards de milliards d'années, la Terre continuera à tourner autour du Soleil, et qu'il n'y a pas lieu de s'inquiéter maintenant! La modification de son orbite est trop lente pour que l'on puisse l'observer, mais ce même effet l'a été ces dernières années sur le système appelé PSR 1913 + 16 (PSR signifie « pulsar », un genre particulier d'étoile de neutrons qui émet des bouffées régulières d'ondes radio). Ce système contient deux étoiles de neutrons tournant l'une autour de l'autre, et l'énergie qu'elles perdent par émission d'ondes gravitationnelles les fait spiraler l'une vers l'autre.

Pendant l'effondrement gravitationnel d'une étoile en trou noir, les mouvements sont bien plus rapides, aussi le taux auquel l'énergie est évacuée est-il bien plus élevé. Donc, l'état stationnaire devrait rapidement être atteint. A quoi ressemble cet état final? On peut supposer qu'il dépend de toutes les caractéristiques complexes de l'étoile à partir de laquelle il a été formé, c'est-à-dire non seulement de sa masse et de sa vitesse de rotation, mais aussi des diverses densités des différentes parties de l'étoile tout comme des mouvements compliqués des gaz à l'intérieur. Et si les trous noirs sont aussi variés que les objets qui se sont effondrés en leur donnant naissance, toute prédiction générale n'en sera que plus ardue.

En 1967, cependant, l'étude des trous noirs fut révolutionnée par Werner Israel, un Canadien (qui est né à Berlin, a été élevé en Afrique du Sud et a passé sa thèse en Irlande). Israel montra, d'après la Relativité Générale, que des trous noirs qui ne seraient pas en rotation devraient être très simples; parfaitement sphériques, leur taille ne dépendrait que de leur masse et deux trous noirs de cette sorte ayant la même masse seraient identiques. Ils pourraient en fait être décrits par une solution particulière des équations d'Einstein trouvée par Karl Schwarzschild en 1917, peu après la découverte de la Relativité Générale. Au départ, beaucoup de savants, y compris Israel lui-même, soutenaient que puisque les trous noirs étaient parfaitement sphériques, ils ne pouvaient se former qu'à partir de l'effondrement d'objets parfaitement sphériques. Toute étoile réelle – qui ne peut jamais être *parfaitement* sphérique – ne pourrait donc que s'effondrer pour donner naissance à une singularité nue.

Autre interprétation du résultat d'Israel, émise en particulier par Roger Penrose et John Wheeler : des mouvements rapides intervenant dans l'effondrement d'une étoile signifieraient que les ondes gravitationnelles engendrées pourraient la rendre beaucoup plus sphérique, jusqu'au moment où elle s'installerait dans un état stationnaire, où elle le serait alors parfaitement. Selon eux, toute étoile qui ne serait pas en rotation, si complexes que soient sa forme et sa structure interne, pourrait terminer sa vie après un effondrement gravitationnel en trou noir parfaitement sphérique, trou dont la taille ne dépendrait que de la masse de l'étoile mère. Des calculs ultérieurs ont confirmé cette façon de voir les choses que tout le monde admit bientôt.

Le résultat d'Israel ne concernait que le cas des trous noirs formés à partir de corps ne tournant pas sur eux-mêmes. En 1963, Roy Kerr, un Néo-Zélandais, trouva un ensemble de solutions des équations de la Relativité Générale qui décrivait les trous noirs en rotation. Ces « trous noirs de Kerr » tournaient à vitesse constante, leur taille et leur forme ne dépendant que de leur masse et de leur vitesse de rotation. Si la rotation était nulle, le trou noir était parfaitement rond et la solution était identique à celle de Schwarzschild. Si la rotation n'était pas nulle, le trou noir enflait aux environs de l'équateur (comme la Terre ou le Soleil); plus il tournait vite, plus il enflait. Aussi, pour étendre cela aux corps en rotation, a-t-on émis l'idée que tout corps en rotation qui s'effondre pour former un trou noir arriverait finalement à s'installer dans un état stationnaire décrit par la solution de Kerr.

En 1970, un de mes collègues qui avait passé le doctorat en même temps que moi, Brandon Carter, fit le premier pas vers la preuve de cette hypothèse. Il montra que, pourvu que le trou noir stationnaire en rotation ait un axe de symétrie, comme une toupie tournant, sa taille et sa forme dépendraient alors uniquement de sa masse et de sa vitesse de rotation. En 1971, j'apportai la preuve que tout trou noir en rotation devait effectivement avoir un tel axe de symétrie. Et en 1973, David Robinson, du Kings College de Londres, utilisa ces deux résultats pour montrer que l'idée de départ était correcte : un tel trou noir devait effectivement être une solution de Kerr. Aussi, après effondrement gravitationnel, un trou noir devait-il s'installer dans un état dans lequel il serait en rotation mais ne pulserait pas. De plus, sa taille et sa forme ne dépendraient que de sa masse et de sa vitesse de rotation, et non de la nature du corps qui s'était effondré pour le former. Le résultat fut bientôt illustré par la phrase : « Un trou noir n'est pas chevelu. » Le théorème « pas chevelu » est d'une grande importance pratique parce qu'il restreint fort heureusement les espèces possibles de trous noirs. On peut donc faire des modèles détaillés des objets qui devraient contenir des trous noirs et comparer les prédictions fournies par ces modèles aux observations. Cela signifie également qu'un grand nombre d'observations sur un corps qui s'est effondré seront perdues lorsque le trou noir se sera formé, parce que après, tout ce que nous pourrons mesurer de ce corps sera sa masse et sa vitesse de rotation. La signification de tout cela apparaîtra au chapitre suivant.

Les trous noirs sont un des rares cas dans l'histoire des sciences pour lesquels une théorie a été développée en détail en tant que modèle mathématique avant que les observations n'aient fourni une preuve de sa validité. Principal argument des opposants aux trous noirs : comment peut-on croire à des objets dont la seule preuve d'existence est constituée par des calculs fondés sur la théorie équivoque de la Relativité Générale? En 1963, cependant, Maarten Schmidt, astronome à l'observatoire du mont Palomar en Californie, mesura le décalage vers le rouge d'un objet faible ressemblant à une étoile dans la direction de la source d'ondes radio appelée 3C273 (c'est-à-dire la source numéro 273 dans le troisième catalogue de Cambridge des radios-sources). Il le trouva trop grand pour être causé par un champ gravitationnel : s'il l'avait été, l'objet aurait dû être si massif et si près de nous qu'il aurait perturbé les orbites des planètes du Système Solaire. Cela sous-entendait que ce décalage vers le rouge était plutôt causé par l'expansion de l'univers, ce qui, à son tour, sous-entendait que cet objet était vraiment à très

grande distance. Et pour être visible à si grande distance, l'objet devait être très brillant, ou, en d'autres
termes, émettre une quantité énorme d'énergie. Le
seul mécanisme auquel on pouvait penser et qui
aurait été capable de produire de si grandes quantités
d'énergie semblait être l'effondrement gravitationnel
non pas d'une étoile unique mais de toute la région
centrale d'une galaxie. Un certain nombre d'autres
« objets quasi stellaires » semblables, ou quasars,
venaient d'être découverts, tous avec un important
décalage vers le rouge. Mais ils sont tous beaucoup
trop loin et, partant, trop difficiles à observer pour
constituer une preuve déterminante de l'existence des
trous noirs.

Une preuve supplémentaire de l'existence des trous
noirs se manifesta en 1967 avec la découverte, par
une chercheuse de Cambridge, Jocelyn Bell, d'objets
célestes qui émettaient des bouffées régulières
d'ondes radio. Tout d'abord, Bell et son professeur,
Anthony Hewish, pensèrent qu'ils étaient entrés en
contact avec une autre civilisation de notre Galaxie!
Effectivement, au séminaire au cours duquel ils
annoncèrent leur découverte, je me souviens qu'ils
avaient baptisé les quatre premières sources découvertes LGM 1-4, LGM désignant les « Petits
Hommes Verts [1] ». Puis on en revint à une conclusion beaucoup moins romantique : ces objets, baptisés « pulsars », étaient en fait des étoiles de neutrons
en rotation, qui émettaient des bouffées d'ondes
radio à cause d'une interaction compliquée entre leur
champ magnétique et la matière environnante. Mauvaise nouvelle pour les auteurs de westerns spatiaux,
certes, mais grand espoir pour le petit nombre d'entre
nous qui croyaient aux trous noirs à cette époque :
c'était la première preuve réelle que les étoiles de

---

1. Allusion aux Martiens que la littérature de science-fiction du
début du siècle avait décrits comme de « Little Green Men ».

neutrons existaient. Une étoile de neutrons a un rayon d'environ dix kilomètres, ce qui représente seulement plusieurs fois le rayon critique auquel une étoile devient un trou noir. Si une étoile s'effondrait jusqu'à une taille aussi réduite, il n'était pas déraisonnable de s'attendre à ce que d'autres étoiles puissent s'effondrer jusqu'à des tailles encore plus petites et devenir ainsi des trous noirs.

Comment espérer détecter un trou noir puisque, par définition, il n'émet aucune lumière? Ou comment chercher un chat noir dans une cave à charbon! Heureusement, il y a quand même un moyen. Comme John Michell le faisait remarquer dans son travail de pionnier de 1783, le trou noir continue à exercer une force gravitationnelle sur les objets environnants. Les astronomes ont observé maints systèmes dans lesquels deux étoiles tournent l'une autour de l'autre, attirées l'une vers l'autre par la gravité. Ils ont également observé des systèmes dans lesquels il n'y a qu'une seule étoile visible tournant autour d'un compagnon invisible. On ne peut, bien sûr, immédiatement en conclure que ce compagnon est un trou noir : il peut tout aussi bien être une étoile trop faible pour être vue. Cependant, quelques-uns de ces systèmes, comme celui appelé Cygnus X-1 (fig. 6.2), sont aussi de fortes sources de rayons X. La meilleure explication de ce phénomène est que la matière a été soufflée de la surface de l'étoile visible. En tombant sur son compagnon invisible, elle développe un mouvement spiralé (un peu comme de l'eau s'échappant d'une baignoire); elle devient très chaude et émet des rayons X (fig. 6.3). Pour que ce mécanisme fonctionne, l'objet invisible doit être très petit, de la taille d'une naine blanche, d'une étoile de neutrons ou d'un trou noir. A partir de l'orbite observée de l'étoile visible, on peut déterminer la plus petite masse possible pour l'objet invisible. Dans le cas de Cygnus X-1, c'est à peu près six fois la masse du Soleil, ce qui, en tenant compte de la limite de Chandrasekhar, est trop grand pour que l'objet invisible soit une naine blanche. Il a également une masse trop grande pour être une étoile de neutrons. Il semble donc que cela puisse être un trou noir.

D'autres modèles expliquent Cygnus X-1 sans faire intervenir de trou noir, mais ils sont tous tirés par les cheveux. Le trou noir semble bien être la seule explication réellement naturelle de ces observations. Malgré cela, j'ai fait le pari avec Kip Thorne, du California Institute of Technology, qu'en fait, Cygnus X-1 ne contient pas de trou noir! C'est une police d'assurance, pour moi. J'ai beaucoup travaillé sur les trous noirs et tout sera balayé s'il se confirme que les trous noirs n'existent pas. Alors, j'aurai la consolation d'avoir gagné mon pari, quatre ans d'abonnement au magazine *Private Eye*. Si les trous noirs existent, Kip me devra une année de *Penthouse*. Lorsque nous avons fait ce pari, en 1975, nous étions certains à 80 % que Cygnus était un trou noir. Aujourd'hui, je dirais que nous le sommes à 95 %, mais tout n'est pas encore joué.

Nous avons des arguments en faveur de l'existence de plusieurs autres trous noirs dans des systèmes du type Cygnus X-1 dans notre Galaxie et dans nos deux voisines, les Nuages de Magellan. Le nombre des trous noirs est, cependant, probablement beaucoup plus élevé; au cours de la longue histoire de l'univers, beaucoup d'étoiles ont pu brûler toutes leurs réserves nucléaires et s'effondrer Le nombre des trous noirs peut très bien être supérieur au nombre des étoiles visibles, qui se monte à environ cent milliards dans notre seule Galaxie. L'attraction gravitationnelle supplémentaire d'un si grand nombre de trous noirs pourrait expliquer pourquoi notre Galaxie tourne sur elle-même à la vitesse qui est la sienne : la masse des étoiles visibles ne suffit pas pour en être responsable. Nous avons aussi quelque preuve qu'il y a un trou noir bien plus grand, avec une masse d'environ cent mille fois celle du Soleil, en son centre. Les étoiles qui s'en approchent trop sont déchirées par la différence entre les forces gravitationnelles s'exerçant sur l'hémisphère qui lui fait face et celui qui lui tourne le dos. Leurs restes et le gaz qui s'échappent des autres étoiles y tomberont. Comme dans le cas de Cygnus X-1, le gaz spiralera vers l'intérieur et se réchauffera, mais pas autant; il ne sera jamais assez chaud pour émettre des rayons X, et cela pourrait expliquer la source très compacte d'ondes radio et de rayonnement infrarouge que l'on observe au centre galactique.

On pense que des trous noirs similaires mais encore plus grands, avec des masses d'environ cent millions de fois celle du Soleil, occupent le centre des quasars. De la matière tombant dans un tel trou noir supermassif pourrait constituer la seule source de puissance suffisamment intense pour expliquer les énormes quantités d'énergie que ces objets émettent. Comme la matière spirale dans le trou noir, cela pourrait le mettre en rotation dans le même sens, lui permettant ainsi de développer un champ magnétique un peu comme celui de la Terre. Des particules de très hautes énergies pourraient être émises près du trou noir par la matière en train d'y tomber. Le champ magnétique serait si fort qu'il pourrait focaliser ces particules en jets émis le long de l'axe de rotation du trou noir, c'est-à-dire en direction de ses pôles Nord et Sud. De tels jets ont effectivement été observés dans un certain nombre de galaxies et de quasars.

On peut aussi envisager qu'il puisse exister des trous noirs de masse bien inférieure à la masse du Soleil. De tels trous noirs ne pourraient pas être dus à un effondrement gravitationnel parce que leur masse est en deçà de la masse limite de Chandrasekhar : les étoiles de masse inférieure peuvent se défendre contre les forces de gravité, même si elles ont épuisé leurs réserves nucléaires. Des trous noirs de petite masse ne pourraient se former que si la matière était comprimée à d'énormes densités par de très fortes pressions externes. De telles conditions devraient exister dans une très grosse bombe à hydrogène : le physicien John Wheeler a calculé une fois que si l'on prenait toute l'eau lourde de tous les océans du monde, on pourrait construire une bombe à hydrogène qui pourrait comprimer la matière au centre de telle façon qu'un trou noir pourrait être créé. (Bien sûr, il ne resterait plus personne pour le voir!) Une éventualité plus pratique est que des trous noirs de masses aussi petites auraient pu s'être formés aux hautes températures et aux hautes pressions régnant lors de l'univers très primitif. Les trous noirs ne pourraient s'être formés que si l'univers primitif n'avait pas été parfaitement lisse et uniforme, parce que seule une petite région, qui aurait été plus dense que la moyenne, aurait pu être comprimée de façon à former un trou noir. Mais nous savons qu'il a dû y avoir quelques irrégularités, parce que autrement, la matière dans l'univers serait distribuée de façon parfaitement uniforme à l'époque actuelle, au lieu d'être regroupée en étoiles et en galaxies.

Savoir si les irrégularités requises pour rendre compte des étoiles et des galaxies ont conduit à la formation d'un nombre important de trous noirs « primordiaux » dépend clairement du détail des conditions qui régnèrent dans l'univers primitif. Si nous pouvions déterminer combien de trous noirs primordiaux existent aujourd'hui, nous aurions beaucoup appris sur les états très primitifs de l'univers. Les trous noirs primordiaux avec des masses de plus de mille millions de tonnes (la masse d'une grosse montagne) pourraient être détectés seulement par leur influence gravitationnelle sur d'autres, sur de la matière visible ou sur l'expansion de l'univers. Cependant, comme nous le verrons dans le prochain chapitre, les trous noirs ne sont en réalité nullement noirs : ils rougeoient comme un corps chaud. Plus ils sont petits, plus ils rougeoient. Aussi, paradoxalement, les trous noirs les plus petits deviennent-ils aujourd'hui plus aisés à détecter que les plus grands!

7

DES TROUS PAS SI NOIRS QUE CELA

Avant 1970, ma recherche en Relativité Générale avait été principalement centrée sur la question de savoir s'il y avait eu ou non une singularité de type Big Bang. Cependant, un soir de novembre de cette année-là, peu après la naissance de ma fille Lucy, je me mis à penser aux trous noirs en allant me coucher. Mon invalidité rend cette opération très longue, aussi avais-je le temps de réfléchir. A cette époque-là, il n'y avait pas de définition précise pour désigner quels points de l'espace-temps sont à l'intérieur d'un trou noir et lesquels sont à l'extérieur. J'avais déjà évoqué avec Roger Penrose l'idée de définir un trou noir comme l'ensemble des événements auxquels il n'était pas possible d'échapper à grande distance, ce qui est maintenant la définition généralement admise. Cela signifie que la frontière d'un trou noir – son horizon – sera formée par les trajectoires dans l'espace-temps des rayons de lumière qui n'arriveront plus à en sortir, hésitant à tout jamais au bord (fig. 7.1). C'est un peu comme s'ils tentaient d'échapper à la police, décidaient de faire un pas en avant mais sans être vraiment capables de disparaître!

Soudain, je compris que les trajectoires de ces rayons lumineux ne devaient jamais se frôler l'une l'autre. Sinon, ces rayons finiraient par se mélanger;

comme si l'on croisait quelqu'un qui échappe lui
aussi à la police mais dans la direction opposée (il
serait arrêté, tout comme vous! Ou plutôt, dans ce
cas de figure, il tomberait comme vous dans le trou
noir). Si ces rayons lumineux étaient engloutis par le
trou noir, ils ne pourraient plus être à sa frontière. Et
leurs trajectoires à l'horizon devraient donc toujours
être parallèles entre elles ou s'éloignant les unes des
autres. Autre façon de présenter les choses : l'horizon, frontière du trou noir, est comme le bord d'une
ombre – l'ombre d'une ruine menaçante. Si vous
regardez l'ombre portée d'une source lumineuse
située à grande distance, comme le Soleil, vous verrez que les rayons lumineux sur les bords ne
convergent pas.

Si les rayons lumineux qui forment l'horizon, la
frontière du trou noir, ne peuvent jamais se rapprocher les uns des autres, la surface de cet horizon res-
tera la même ou augmentera avec le temps, mais elle
ne pourra jamais décroître, parce que cela signifierait
qu'au moins quelques-uns de ces rayons auraient dû
se rapprocher entre eux. En fait, cette surface croî-
trait, que ce soit de la matière ou du rayonnement qui
tombe dans le trou noir (fig. 7.2). Si deux trous noirs
se heurtaient avant de se fondre pour n'en former
plus qu'un, la surface de l'horizon du trou noir final
serait supérieure ou égale à la somme des surfaces
des horizons originaux (fig. 7.3). Cette propriété de
non-décroissance de la surface de l'horizon limite
considérablement le comportement possible des trous
noirs. Je fus si excité par ma découverte que je ne
dormis guère cette nuit-là. Le lendemain, j'appelai
Roger Penrose. Il était d'accord avec moi. Je pense
en fait qu'il était au courant de cette propriété de la
surface. Cependant, sa définition du trou noir était
légèrement différente. Il ne s'était pas rendu compte
que les frontières du trou noir, quelle que soit la défi-

nition que l'on choisisse pour celui-ci, seraient toujours les mêmes, et donc que leurs surfaces seraient les mêmes, à condition que le trou noir soit stabilisé, donc sans évolution au cours du temps.

Le comportement de la non-décroissance de la surface d'un trou noir évoquait tout à fait le comportement d'une quantité physique appelée « entropie », qui mesure le degré de désordre d'un système. On vérifie tous les jours que le désordre a tendance à augmenter si l'on abandonne les choses à elles-mêmes. (Il n'y a qu'à s'arrêter de faire des réparations chez soi pour s'en apercevoir!) On peut créer de l'ordre à partir du désordre (on pourra, par exemple, peindre les murs), mais cela demande une dépense d'effort et d'énergie, ce qui diminue la quantité d'énergie ordonnée disponible.

Une formulation précise de cette notion est connue sous le nom de second principe de la Thermodynamique : l'entropie d'un système isolé est toujours en augmentation, et lorsque deux systèmes sont réunis, l'entropie du système combiné est supérieure à la somme des entropies des systèmes individuels. Considérons par exemple un système de molécules gazeuses dans une boîte. On peut considérer les molécules comme de petites boules de billard qui se heurtent sans cesse et frappent les parois de la boîte. Plus la température du gaz sera élevée, plus ses molécules se déplaceront rapidement et frapperont les parois fréquemment et fortement, et plus élevée sera la pression vers l'extérieur qu'elles exerceront sur les côtés. Supposons qu'au départ, les molécules sont toutes confinées du côté gauche de la boîte par une cloison. Si l'on enlève ensuite cette cloison, les molécules auront tendance à se répandre et à occuper les deux moitiés de la boîte. Un moment plus tard, elles pourraient, au hasard, se trouver toutes dans la partie droite ou bien toutes dans la partie gauche,

mais il est on ne peut plus probable qu'elles se
trouveront réparties en nombre à peu près égal dans
les deux moitiés. Un tel état est moins ordonné, ou
plus désordonné, que l'état original dans lequel les
molécules étaient toutes dans l'une des moitiés de la
boîte. On peut donc dire que l'entropie du gaz a augmenté. De façon similaire, supposons que l'on parte
de deux boîtes, l'une contenant des molécules d'oxygène et l'autre des molécules d'azote. Si l'on unit les
boîtes et que l'on enlève la cloison séparatrice, l'oxygène et l'azote vont commencer à se mélanger. Un
instant plus tard, l'état le plus probable sera un
composé assez uniforme de molécules d'oxygène et
d'azote dans les deux boîtes. Cet état sera moins
ordonné, et donc, aura plus d'entropie que l'état initial des deux boîtes séparées.

Le second principe de la Thermodynamique a un
statut légèrement différent de celui des autres lois de
la physique, comme la loi newtonienne de la gravitation, par exemple, parce qu'il n'est valable que dans
la plus grande majorité des cas et pas forcément toujours. La probabilité que toutes les molécules de gaz
dans notre première boîte se retrouvent dans une
moitié de boîte au bout d'un moment est de un à plusieurs milliers de milliards, mais cela peut arriver.
Cependant, si un trou noir se trouve aux environs, il
semble qu'il y ait une façon encore plus facile de violer
ce second principe : il suffira d'y envoyer un peu de
matière douée d'un peu d'entropie, comme une boîte
de gaz. L'entropie totale de la matière à l'extérieur
du trou noir diminuera. On pourrait encore, bien sûr,
dire que l'entropie totale, y compris celle à l'intérieur
du trou noir, n'a pas décru, mais comme il n'y a pas
moyen de voir à l'intérieur d'un trou noir, nous ne
pouvons pas savoir combien d'entropie contient la
matière qui s'y trouve. Il serait intéressant, alors, de
disposer de quelque caractéristique du trou noir qui

permettrait aux observateurs extérieurs de connaître son entropie et son éventuelle augmentation au moment où la matière chargée d'entropie y tombe. Poursuivant la découverte, décrite plus haut, de la surface de l'horizon croissant chaque fois que de la matière tombe dans le trou noir, un chercheur de Princeton, Jacob Bekenstein, suggéra de faire de cette surface de l'horizon une mesure de l'entropie du trou noir. Puisque de la matière douée d'entropie était tombée dans le trou noir, la surface de son horizon aurait dû croître, de telle sorte que la somme de l'entropie de la matière extérieure aux trous noirs et la surface des horizons ne puisse jamais décroître.

Cette suggestion semblait éviter au second principe de la Thermodynamique d'être violé dans la plupart des situations. Cependant, elle comportait un inconvénient majeur. Si un trou noir possède de l'entropie, il doit aussi avoir une température. Or, tout corps possédant une température particulière émet un rayonnement à un certain taux. Tout le monde sait bien que si l'on chauffe un tisonnier dans le feu, il rougeoiera et émettra un rayonnement, mais les corps à plus basse température émettent aussi du rayonnement; simplement, on ne le remarque pas parce qu'il est en très faible quantité. Le rayonnement est nécessaire pour éviter le viol de ce second principe. Donc, les trous noirs devraient émettre du rayonnement. Mais, par définition même, les trous noirs sont des objets qui sont supposés ne rien émettre. Il semblait donc que la surface de l'horizon d'un trou noir ne pût être considérée comme une mesure de son entropie. En 1972, j'écrivis avec Brandon Carter et un collègue américain, Jim Bardeen, un article dans lequel nous fîmes remarquer que bien qu'il y ait beaucoup de points de similitude entre l'entropie et la surface de l'horizon, cet inconvénient majeur subsistait. Je dois reconnaître qu'en écrivant ce papier, j'étais en grande partie agacé par la mauvaise utilisation par Bekenstein de ma découverte de l'accroissement de la surface de l'horizon. Cependant, il apparut par la suite que, fondamentalement, Bekenstein avait eu raison, bien que ce fût d'une manière qu'il n'avait certainement pas envisagée.

En septembre 1973, alors que je visitais Moscou, je discutais des trous noirs avec deux grands experts soviétiques, Yakov Zeldovitch [2] et Alexandre Starobinsky. Ils arrivèrent à me convaincre que, d'après le principe d'incertitude de la mécanique quantique, les trous noirs en rotation devaient créer et émettre des particules. J'acceptai sans réserve leurs arguments physiques, mais je n'aimais pas leur méthode mathématique pour calculer cette émission. J'essayai donc d'imaginer un meilleur traitement mathématique que j'exposai au cours d'un séminaire informel à Oxford, fin novembre. A ce moment-là, je n'avais pas fait de calculs pour estimer l'importance de cette émission. Je m'attendais à découvrir uniquement le rayonnement dont Zeldovitch et Starobinsky avaient prévu l'existence dans le cas des trous noirs en rotation. Mais, lorsque je m'y attelai, je trouvai, à ma grande surprise et à ma grande contrariété, que même les trous noirs qui n'étaient pas en rotation devaient apparemment créer et émettre des particules à un taux élevé. Tout d'abord, je crus que cette émission indiquait que l'une des approximations que j'avais utilisées n'était pas valable. Si Bekenstein en entendait parler, je craignais qu'il ne l'utilise comme argument supplémentaire pour renforcer son idée de l'entropie des trous noirs, que je n'aimais toujours pas. Cependant, plus j'y réfléchissais, plus il me semblait que ces approximations devaient vraiment être retenues. En définitive, ce qui m'a convaincu que

---

2. Depuis la publication de l'édition originale de ce livre, Yakov Zeldovitch est décédé. (*NdT.*)

cette émission existait réellement, c'est que le spectre des particules émises était exactement le même que celui qu'émettrait un corps chaud, et que le trou noir émettait des particules à un taux en accord complet avec la non-violation du second principe. Depuis, les calculs ont été repris de façons fort différentes par bien des chercheurs. Tous confirment que le trou noir émet bien des particules et du rayonnement, comme un corps chaud, avec une température ne dépendant que de sa masse : plus sa masse est élevée, plus sa température sera basse.

Comment un trou noir peut-il sembler émettre des particules alors que nous savons que rien ne peut s'échapper de l'intérieur de son horizon? La réponse que nous donne la théorie quantique est que les particules ne viennent pas de l'intérieur du trou noir mais d'un espace « vide » situé juste à l'extérieur de l'horizon du trou noir! Ce que nous pouvons interpréter de la manière suivante : ce que nous prenons pour un espace « vide » peut ne pas être complètement vide parce que cela signifierait que tous les champs, qu'ils soient gravitationnels ou électromagnétiques, devraient être exactement nuls. Or, la valeur d'un champ et son taux de variation dans le temps sont comme la position et la vitesse d'une particule : le principe d'incertitude implique que si vous connaissez avec exactitude l'une des quantités, vous en saurez d'autant moins sur la seconde. Aussi, dans un espace vide, le champ peut-il ne pas être exactement égal à zéro, car il aurait alors à la fois une valeur précise (zéro) et un taux de variation précis (zéro). Il devrait y avoir une certaine quantité minimale d'incertitude, ou fluctuations quantiques, dans la valeur de ce champ. On peut penser à ces fluctuations comme à des paires de particules de lumière ou de gravité qui apparaissent ensemble quelquefois, se séparent puis se rassemblent à nouveau avant de s'annihiler. Ces particules sont virtuelles, comme celles qui transportent la force gravitationnelle du Soleil : à la différence des véritables particules, elles ne peuvent être observées directement par un détecteur de particules. Cependant, leurs effets indirects, comme de légères modifications dans les orbites des électrons à l'intérieur des atomes, peuvent être mesurés et s'accordent remarquablement avec les prédictions théoriques. Le principe d'incertitude prédit également qu'il pourrait exister des paires similaires et virtuelles de particules de matière, comme les électrons ou les quarks. Dans ce cas, cependant, un membre de la paire sera une particule et l'autre, une anti-particule (les anti-particules de lumière et de gravité sont les mêmes que les particules).

Comme l'énergie ne peut être créée à partir de rien, l'une des partenaires de la paire particule/anti-particule aura une énergie positive et l'autre, une énergie négative. La particule d'énergie négative est condamnée à être virtuelle et à avoir une courte durée de vie parce que les particules réelles ont toujours une énergie positive dans les situations normales; elle devra donc rechercher sa partenaire et le couple s'annihilera. Cependant, une particule réelle à côté d'un corps massif a moins d'énergie que si elle en était fort éloignée, parce qu'il lui faut consommer de l'énergie pour s'éloigner et vaincre l'attraction gravitationnelle du corps. En temps normal, l'énergie d'une particule est toujours positive, mais le champ gravitationnel à l'intérieur d'un trou noir est si intense que même une particule réelle peut avoir là une énergie négative. Lorsqu'un trou noir est présent, il est effectivement possible, pour une particule virtuelle d'énergie négative, d'y tomber et de devenir une particule réelle ou une anti-particule. Dans ce cas, elle n'aura plus besoin de s'annihiler avec sa partenaire. Laquelle pourra tomber dans le trou tout aussi bien; ou, avec une énergie positive, s'échapper du voisinage du trou noir comme une particule réelle ou une anti-particule (fig. 7.4). Pour un observateur à distance, elle semblera avoir été émise par le trou noir. Plus le trou noir sera petit, plus la distance que la particule d'énergie négative aura à parcourir avant de devenir une particule réelle sera courte; le taux d'émission et la température apparente du trou noir en seront donc, eux, d'autant plus intenses.

L'énergie positive de la radiation émise devrait être contrebalancée par un courant de particules d'énergie négative au sein du trou noir. Selon l'équation d'Einstein $E = mc^2$ (où E est l'énergie, m la masse et c la vitesse de la lumière), l'énergie est proportionnelle à la masse. Un courant d'énergie négative à l'intérieur du trou noir réduirait donc sa masse. A cause de cette perte de masse, la surface de l'horizon rétrécirait, mais cette décroissance de l'entropie du trou noir serait plus que compensée par l'entropie du rayonnement émis, aussi le second principe ne serait-il pas enfreint.

En outre, plus la masse d'un trou noir sera faible, plus sa température sera élevée. Aussi, lorsque le trou noir perdra de la masse, sa température et son taux d'émission croîtront-ils; néanmoins, sa perte de masse sera plus rapide. On ne sait pas encore très bien ce qui arrive quand la masse du trou noir devient en fin de compte très petite, mais l'on peut imaginer raisonnablement que le trou noir devrait disparaître dans une fantastique explosion finale de rayonnement, équivalant à l'explosion de millions de bombes H.

Un trou noir d'une masse égale à plusieurs fois celle du Soleil devrait avoir une température très basse de l'ordre de dix millionièmes de degré au-dessus du zéro absolu. C'est beaucoup moins que la température du rayonnement centimétrique qui emplit l'univers (environ 2,7 K au-dessus du zéro absolu); aussi, de tels trous noirs devraient-ils émettre beaucoup moins qu'ils n'absorbent. Si l'univers est destiné à s'étendre à jamais, la température de la radiation centimétrique finira par descendre au-dessous de celle d'un trou noir qui commencera alors à perdre de la masse. Mais, même alors, sa température sera si basse qu'il lui faudra environ mille milliards de milliards de milliards de milliards de milliards de milliards de milliards d'années (un 1 suivi de 66 zéros) pour s'évaporer complètement. C'est beaucoup plus que l'âge de l'univers, qui est seulement de dix ou vingt milliards d'années (un 1 ou un 2 suivi de 10 zéros). D'un autre côté, comme nous l'avons vu au chapitre 6, il devrait y avoir des trous noirs primordiaux avec une masse beaucoup plus petite dus à l'effondrement des irrégularités dans les tout premiers stades de l'univers. De tels trous noirs devraient avoir une température beaucoup plus élevée et émettre du rayonnement à un taux beaucoup plus fort. Un trou noir primordial avec une masse de un milliard de tonnes devrait avoir une durée de vie à peu près égale à l'âge de l'univers. Les trous noirs primordiaux avec une masse initiale moindre devraient s'être déjà complètement évaporés, mais ceux ayant des masses quelque peu plus grandes devraient encore émettre du rayonnement sous forme de rayons X et de rayons gamma. Ces rayons X et gamma sont comme des ondes de lumière, mais avec une longueur d'onde bien plus courte. De tels trous méritent difficilement l'épithète de *noirs* : en réalité, ils sont *chauffés à blanc* et émettent de l'énergie au taux d'environ dix mille mégawatts.

Un tel trou noir pourrait alimenter dix grandes centrales si seulement nous pouvions dompter sa puissance. Cela serait assez difficile, cependant : le trou noir devrait avoir la masse d'une montagne comprimée dans moins d'un millionième de millionième de centimètre, la taille du noyau d'un atome! Si l'un de ces trous noirs se trouvait à la surface de la Terre, il n'y aurait aucun moyen de l'empêcher de traverser le plancher pour atteindre le centre de la planète. Là, il oscillerait avant de se stabiliser au centre de la Terre. Aussi, le seul endroit où pourrait se trouver un tel trou noir de façon à ce que l'on puisse utiliser l'énergie qu'il émet serait autour de la Terre, en orbite – et la seule façon de le mettre en orbite autour de la Terre serait de l'attirer en remorquant une grande masse devant lui, un peu comme une carotte devant un baudet. Cela n'a pas vraiment l'air d'être réalisable, n'est-ce pas, du moins pas dans un futur immédiat.

Si nous ne pouvons dompter l'émission de ces trous noirs primordiaux, quelles sont nos chances d'en observer? Nous pourrions chercher les rayons gamma que les trous noirs primordiaux émettent durant la plus grande partie de leur existence. Bien que le rayonnement de beaucoup d'entre eux soit très faible en raison de leur éloignement, leur totalité devrait être détectable. Nous observons un tel fonds de rayons gamma : la fig. 7.5 montre comment l'intensité observée varie selon les fréquences (nombre d'ondes par seconde). Cependant, ce fonds pourrait avoir été, et a probablement été, engendré par des procédés autres que les trous noirs primordiaux. La ligne en pointillé de la fig. 7.5 montre comment l'intensité devrait varier avec la fréquence pour des rayons gamma issus de trous noirs primordiaux s'ils étaient aux environs de trois cents par année-lumière cube. On peut dire que les observations du rayonnement du fonds du ciel en rayons gamma n'apportent aucune preuve *positive* de l'existence des trous noirs primordiaux, mais elles nous précisent aussi què, en moyenne, ils ne peuvent être plus de trois cents par année-lumière cube dans l'univers. Cette limite signifie que les trous noirs primordiaux pourraient fabriquer au plus un millionième de la matière dans l'univers.

Avec des trous noirs primordiaux aussi rares, il n'y a aucune chance, semble-t-il, qu'il y en ait un suffisamment près de nous pour que l'on puisse l'observer en tant que source individuelle de rayons gamma. Mais puisque la gravitation devrait attirer ces trous noirs primordiaux en direction de toute matière, ils devraient être beaucoup plus courants dans et autour des galaxies. Aussi, bien que le fonds de rayons gamma nous dise qu'ils ne peuvent être plus de trois cents par année-lumière cube en moyenne, il ne nous dit pas s'ils sont courants ou non dans notre propre Galaxie. S'ils sont, disons, un million de fois plus courants que la moyenne calculée, alors le trou noir le plus proche de nous devrait se situer à une distance d'environ un milliard de kilomètres, à peu près aussi loin que Pluton, la plus lointaine planète connue. A cette distance, il serait encore très difficile de détecter son émission constante, même si elle atteignait dix mille mégawatts. Pour observer un trou noir primordial, il faudrait détecter quelques quanta de rayons gamma en provenance de la même direction dans un laps de temps raisonnable, disons en une semaine. Autrement, ces quanta pourraient tout simplement être issus du rayonnement de fonds gamma. Mais le principe des quanta de Planck nous dit que tout quantum de rayon gamma possède une très haute énergie, parce que les rayons gamma ont une très haute fréquence, aussi suffirait-il de quelques-uns d'entre eux pour rayonner dix mille mégawatts. Les observer d'une distance égale à celle de Pluton nécessiterait un plus puissant détecteur de rayons gamma que tous ceux que nous avons construits jusqu'à présent. De plus, ce détecteur devrait être dans l'espace, parce que les rayons gamma ne peuvent pénétrer dans notre atmosphère.

Naturellement, si un trou noir à la distance de Pluton devait atteindre la fin de sa vie et s'évaporer, il serait facile de détecter l'émission de son explosion finale. Mais si celui-ci émet depuis ces dix ou vingt derniers milliards d'années, la probabilité qu'il meure pendant les quelques années à venir plutôt qu'au cours des millions d'années écoulées ou futures est vraiment ridicule! Pour bénéficier d'une probabilité raisonnable de voir une explosion avant que vos crédits de recherche n'arrivent à leur fin, vous devriez trouver une façon de détecter toutes les explosions à une distance d'environ une année-lumière. Resterait encore le problème du puissant détecteur de rayons gamma pour observer les quelques quanta issus de l'explosion. Mais, dans ce cas, il ne serait pas nécessaire de déterminer si tous les quanta sont venus de la même direction : il suffirait d'observer qu'ils arrivent tous à l'intérieur d'un intervalle de temps très petit pour que l'on soit vraiment sûr qu'ils venaient bien de la même explosion.

L'atmosphère de notre Terre est un détecteur de rayons gamma capable de déceler les trous noirs primordiaux. (Nous sommes probablement incapables d'en construire un plus grand!) Quand un quantum de rayon gamma à haute énergie heurte les atomes de notre atmosphère, il se crée des paires d'électrons et de positrons (anti-électrons). Quand ceux-ci heurtent d'autres atomes, ils créent à leur tour encore plus de paires d'électrons et de positrons, de telle sorte qu'il se crée ce que nous appelons un courant d'électrons. Le résultat est une forme de lumière baptisée « radiation de Čerenkov ». On peut donc détecter les explosions de rayons gamma en cherchant les éclairs de lumière dans le ciel nocturne. Bien sûr, il y a un certain nombre d'autres phénomènes, comme la foudre ou les réflexions de la lumière du Soleil sur les satellites qui retombent, ou sur les débris en orbite, qui

peuvent aussi provoquer des éclairs dans le ciel. Pour
distinguer les explosions de rayons gamma de ces
effets, on doit observer ces éclairs simultanément en
deux ou plusieurs endroits très éloignés les uns des
autres. Deux savants de Dublin, Neil Porter et Tre-
vor Weekes, ont entrepris une recherche de ce genre
à l'aide de télescopes en Arizona. Ils ont bien enregistré un certain nombre d'éclairs, mais aucun ne peut
de façon décisive être attribué à des explosions de
rayons gamma en provenance de trous noirs primordiaux.

Même si cette recherche se révèle négative,
comme cela semble être le cas, elle nous fournira
quand même une information importante sur les tout
premiers stades de l'univers. Si l'univers primitif a
été chaotique et irrégulier, ou si la pression de
matière fut peu élevée, on pourrait s'attendre à ce
qu'il se produise beaucoup plus de trous noirs primordiaux que la limite fixée par nos observations du
fonds de rayons gamma. Ce n'est que si l'univers primitif a été très lisse et uniforme, avec une pression
élevée, que l'on peut expliquer l'absence d'un nombre
observable de trous noirs primordiaux.

L'idée de la radiation en provenance des trous
noirs fut le premier exemple de prédiction dépendant
essentiellement des deux grandes théories de ce
siècle, la Relativité Générale et la Mécanique Quantique. Cela a soulevé une certaine opposition au
début parce que cela dérangeait le point de vue suivant : « Comment un trou noir peut-il émettre quelque chose? » Quand j'énonçai pour la première fois
les résultats de mes calculs lors d'une conférence au
laboratoire Rutherford-Appleton près d'Oxford, ce
fut l'incrédulité générale. A la fin de ma communication, le président de séance, John G. Taylor, du Kings
College de Londres, affirma que tout cela n'avait
aucun sens. Il écrivit même un article là-dessus.

Mais, en fin de compte, la plupart des chercheurs, et même John Taylor, arrivèrent à la conclusion que les trous noirs devaient effectivement rayonner comme des corps chauds si nos autres idées sur la Relativité Générale et la Mécanique Quantique étaient exactes. Aussi, bien que nous n'ayons pu encore réussir à trouver un trou noir, tout le monde s'accorde à dire que si nous le trouvions, il émettrait des flots de rayons X et de rayons gamma.

L'existence du rayonnement des trous noirs semble impliquer que l'effondrement gravitationnel n'est pas aussi fatal et irréversible qu'on le pense. Si un astronaute tombait dans un trou noir, la masse du trou augmenterait, mais, finalement, l'énergie équivalant à cette masse supplémentaire retournerait dans l'univers sous forme de rayonnement. Ainsi, en un sens, l'astronaute serait-il « recyclé ». Ce serait une bien pauvre sorte d'immortalité, cependant, parce que tout concept personnel de temps, pour lui, serait très certainement arrivé à son terme au moment même où il aurait été déchiré à l'intérieur du trou noir! Même les types de particules qui auraient finalement été émises par le trou noir devraient en général être différents de ceux dont était fait l'astronaute : la seule caractéristique de l'astronaute qui lui survivrait serait sa masse, ou son énergie.

Les approximations que j'ai utilisées pour trouver l'émission des trous noirs devraient correctement fonctionner dans le cas d'un trou noir ayant une masse supérieure à une fraction de gramme. Cependant, elles ne sont plus valables à la fin de la vie d'un trou noir, lorsque sa masse devient très petite. L'issue la plus probable est que, s'il existe vraiment, le trou noir disparaîtra, au moins dans notre région de l'univers, en emportant avec lui l'astronaute et toute singularité qu'il pourrait contenir. Et c'est la première indication que la mécanique quantique pouvait supprimer les singularités prédites par la Relativité Générale. Cependant, les méthodes que j'utilisai avec mes confrères en 1974 ne permettaient pas de dire si les singularités existaient en gravité quantique. A partir de 1975, je me suis mis à développer une approche plus puissante de la gravité quantique fondée sur la notion d'«intégrale de chemins» de Richard Feynman. Les réponses que cette approche suggère pour l'origine et le destin de l'univers et de ce qu'il contient, comme nos astronautes, seront l'objet des deux chapitres suivants. Nous verrons que, bien que le principe d'incertitude impose des limites à la véracité de nos prédictions, il peut en même temps supprimer l'absence de prédiction fondamentale qui apparaît dans la singularité de l'espace-temps.

8

ORIGINE ET DESTIN DE L'UNIVERS

La théorie de la Relativité Générale d'Einstein prédit que l'espace-temps a commencé dans une singularité de type Big Bang et qu'il finira soit dans un grand écrasement, ou Big Crunch (si l'univers se recontractait), soit dans une singularité à l'intérieur d'un trou noir (si une région locale, comme une étoile, s'effondrait). Toute la matière tombée à l'intérieur du trou serait détruite à la singularité et seul l'effet gravitionnel de sa masse continuerait à être ressenti à l'extérieur. D'autre part, lorsque l'on prit en compte les effets quantiques, il sembla que la masse ou l'énergie de la matière retournerait finalement au reste de l'univers, et que le trou noir, en même temps que la singularité de son sein, s'évaporerait et disparaîtrait à tout jamais. La mécanique quantique pourrait-elle avoir un effet aussi dramatique sur les singularités en forme de Big Crunch ou de Big Bang ? Que se passe-t-il vraiment au cours des tout premiers ou des ultimes stades de l'univers, quand les champs gravitationnels sont si forts que les effets quantiques ne peuvent être ignorés ? L'univers a-t-il en fait un commencement et une fin ? Et si oui, à quoi ressemblent-ils ?

Au cours des années soixante-dix, je me suis principalement consacré à l'étude des trous noirs, mais en

1981 mon intérêt pour l'origine et le destin de l'univers fut réveillé au cours d'une conférence sur la cosmologie organisée au Vatican par les jésuites. L'Église catholique avait commis une grossière erreur avec Galilée, lorsqu'elle avait essayé de légiférer en matière scientifique, soutenant que le Soleil tournait autour de la Terre. Des siècles plus tard, elle avait donc décidé d'inviter un certain nombre d'experts pour discuter de cosmologie. A la fin de cette conférence, les participants se virent accorder une audience avec le pape qui estima que c'était une bonne chose d'étudier l'évolution de l'univers après le Big Bang, mais que nous ne devrions pas nous occuper du Big Bang lui-même parce que c'était le moment de la Création et donc l'œuvre de Dieu. Je fus enchanté alors qu'il ne connût pas le thème du laïus que j'avais prononcé pendant les travaux de la conférence – la possibilité que l'espace-temps soit fini mais sans bord, ce qui signifiait qu'il n'avait nul commencement, nul moment de Création. Je n'avais pas envie de partager le destin de Galilée, avec lequel je ressentais un fort sentiment d'identité, en partie à cause de la coïncidence qui veut que je sois né exactement trois cents ans après sa mort!

Pour expliquer les idées que je partage avec d'autres sur la façon dont la mécanique quantique peut affecter l'origine et le destin de l'univers, il est nécessaire tout d'abord de comprendre l'histoire généralement admise de l'univers, d'après ce que l'on connaît sous le nom de « modèle du Big Bang chaud ». Ce dernier assure que l'univers est décrit par un modèle de Friedman, depuis le Big Bang. Dans un modèle de cette sorte, on s'aperçoit qu'au fur et à mesure que l'univers se dilate, matière et rayonnement se refroidissent. (Quand l'univers double de volume, sa température tombe de moitié.) Puisque la température n'est qu'une mesure de l'énergie

moyenne – ou de la vitesse – des particules, ce refroidissement de l'univers devrait avoir un effet majeur
sur la matière qui le constitue. A très hautes températures, les particules se déplacent si vite qu'elles
devraient échapper à toute attraction d'origine
nucléaire ou électromagnétique; en se refroidissant,
on s'attendrait à ce que les particules qui s'attirent
commencent à se rassembler. De plus, même le type
de particules existant dans l'univers devrait dépendre
de la température. A des températures assez élevées,
les particules ont tellement d'énergie que chaque fois
qu'elles se heurtent, il se crée différentes paires de
particules/anti-particules – et bien que quelques-unes
de ces particules doivent s'annihiler en heurtant leurs
anti-particules, il devrait s'en créer plus vite qu'ils ne
peut s'en annihiler. A des températures moins élevées,
cependant, lorsque les particules qui se heurtent possèdent moins d'énergie, les paires particules/anti-
particules devraient se créer moins vite, et l'annihilation devenir plus rapide que la création.

Au moment même du Big Bang, l'univers est censé
avoir eu une dimension nulle, et avoir été infiniment
chaud. Mais au fur et à mesure qu'il s'est dilaté, la
température du rayonnement a décru. Une seconde
après le Big Bang, celle-ci devait être tombée à environ dix mille millions de degrés. C'est environ mille
fois la température qui règne au centre du Soleil,
mais des températures de cet ordre sont atteintes
dans l'explosion des bombes H. A cette époque, l'univers devait contenir principalement des photons, des
électrons et des neutrinos (particules extrêmement
légères qui ne sont sensibles qu'à l'interaction faible
et à la gravité) ainsi que leurs anti-particules, des protons et quelques neutrons. Comme l'univers continuait à se dilater et la température à chuter, le taux
auquel les paires électrons/anti-électrons furent
créées par collision aurait dû tomber au-dessous du

taux d'annihilation. Aussi la plupart des électrons et des anti-électrons auraient dû s'annihiler les uns les autres pour produire plus de photons en ne laissant subsister que quelques électrons. Les neutrinos et les anti-neutrinos, eux, ne sont pas annihilés les uns les autres car ces particules n'interagissent qu'avec elles-mêmes et très rarement et très faiblement avec d'autres. Aussi, devraient-ils être encore là aujourd'hui. Si nous pouvions les observer, cela constituerait un bon test pour la description d'un état primordial très chaud de l'univers. Malheureusement, de nos jours, leurs énergies sont trop basses pour que nous puissions le faire directement. Cependant, si les neutrinos ne sont pas dénués de masse, mais en ont une petite comme l'a suggéré une expérience russe non confirmée en 1981, nous devrions être capables de les détecter indirectement : ils pourraient constituer un aspect de cette « masse cachée », dont nous avons déjà parlé, avec une attraction gravitationnelle suffisante pour arrêter l'expansion de l'univers et causer de nouveau son effondrement.

Environ cent secondes après le Big Bang, la température a chuté à un milliard de degrés, température intérieure aux étoiles les plus chaudes. A ce moment-là, les protons et les neutrons n'auraient plus eu suffisamment d'énergie pour échapper à l'attraction de l'interaction nucléaire forte et auraient commencé à se combiner entre eux pour produire les noyaux d'atomes de deutérium (hydrogène lourd), assemblant un proton et un neutron. Les noyaux de deutérium se seraient ensuite combinés avec encore plus de protons et de neutrons pour donner naissance à des noyaux d'hélium – deux protons et deux neutrons – et à de petites quantités d'un couple d'éléments plus lourds, le lithium et le béryllium. On a calculé que, dans le modèle de Big Bang chaud, à peu près un quart des protons et des neutrons auraient dû être convertis en noyaux d'hélium, en une petite quantité d'hydrogène lourd et en autres éléments. Les neutrons restants auraient dégénéré en protons, noyaux ordinaires des atomes d'hydrogène.

La description d'un état primitif chaud de l'univers fut pour la première fois avancée par Georges Gamow dans un article célèbre daté de 1948 et cosigné avec son étudiant, Ralph Alpher. Gamow, qui avait un certain sens de l'humour, avait persuadé Hans Bethe, qui s'occupait de nucléaire, d'ajouter son nom à cet article pour que la liste des auteurs fût : « Alpher, Bethe, Gamow », soit les trois premières lettres de l'alphabet grec, alpha, bêta, gamma : ce qui était particulièrement bienvenu pour un article traitant du commencement de l'univers! Dans ce papier, ils prédirent de façon remarquable que le rayonnement (en forme de photons) issu des stades primitifs très chauds de l'univers pourrait encore être là aujourd'hui mais à une température de quelques degrés seulement au-dessus du zéro absolu (– 273 °C). C'est le rayonnement que Penzias et Wilson ont détecté en 1965. A l'époque où Alpher, Bethe et Gamow écrivirent leur article, on ne savait pas grand-chose des réactions nucléaires des protons et des neutrons et les prédictions relatives aux proportions des différents éléments dans l'univers primitif étaient assez inexactes. Les calculs ont été repris à la lumière d'une meilleure compréhension et aujourd'hui, ils s'accordent très bien avec ce que nous observons. Il est, de plus, très difficile d'expliquer autrement pourquoi il devrait y avoir tant d'hélium dans l'univers. Nous sommes à peu près certains, donc, de disposer là de la bonne description, du moins jusqu'à la première seconde après le Big Bang en remontant dans le temps.

Quelques heures après, la production d'hélium et d'autres éléments a dû s'arrêter. Puis, pour les mille années qui suivirent, l'univers a continué à se dilater sans que rien se produise. Finalement, dès que la température eut chuté à quelques milliers de degrés, et que les électrons et les noyaux n'eurent plus assez d'énergie pour tenir tête à l'attraction électromagnétique entre eux-mêmes, ils ont commencé à se combiner pour former des atomes. L'univers tout entier a continué à se dilater et à se refroidir, mais dans des régions légèrement plus denses que la moyenne, l'expansion a dû être ralentie par une attraction gravitationnelle plus forte. Cela aura finalement stoppé l'expansion en certains endroits qui auraient alors commencé à se recontracter. Pendant que ces régions s'effondraient, l'attraction gravitationnelle de la matière aux alentours a pu les mettre légèrement en rotation. Comme elles devenaient de plus en plus petites, elles se seraient mises à tourner plus vite – exactement comme des patineurs sur la glace tournent plus vite s'ils ramènent les bras le long du corps. A une taille suffisamment réduite, elles auraient tourné sur elles-mêmes suffisamment vite pour contrebalancer l'attraction de la gravité; de cette façon naquirent les galaxies en forme de disque et tournant sur elles-mêmes. D'autres régions, qui ne se mirent pas à tourner sur elles-mêmes, purent devenir ces objets de forme ovale que l'on appelle des galaxies elliptiques : ces régions auraient cessé de s'effondrer parce que les différentes parties de ces galaxies se seraient mises en orbite stable autour de leur centre, sans avoir acquis de rotation d'ensemble.

Au fur et à mesure que le temps passait, le gaz d'hydrogène et d'hélium des galaxies a dû se fragmenter en nuages plus petits qui se sont effondrés sous l'action de leur propre gravité. Pendant qu'ils se contractaient et que les atomes qu'ils contenaient se heurtaient les uns aux autres, la température du gaz a dû croître, jusqu'à devenir suffisamment élevée pour que démarrent les réactions nucléaires. Celles-ci auraient converti l'hydrogène en encore plus d'hélium, et la chaleur émise aurait augmenté la pression et empêché les nuages de s'effondrer plus avant. Ils seraient restés stables pendant longtemps, comme les étoiles semblables à notre Soleil, brûlant leur hydrogène en le convertissant en hélium et rayonnant l'énergie résultante sous forme de chaleur et de lumière. Des étoiles plus massives auraient eu besoin d'être plus chaudes pour équilibrer leur attraction gravitationnelle plus forte, enchaînant donc leurs réactions de fusion nucléaire si vite qu'elles auraient brûlé leur hydrogène en un laps de temps aussi court qu'une centaine de millions d'années. Alors, elles se seraient légèrement contractées, et, se réchauffant encore, elles auraient commencé à convertir leur hélium en éléments plus lourds, comme le carbone et l'oxygène. Cela, cependant, n'aurait pas libéré beaucoup d'énergie, et une crise serait intervenue, que nous avons décrite dans le chapitre sur les trous noirs. Ce qui arrive ensuite n'est pas tout à fait clair, mais il semble probable que les régions centrales de ces étoiles devraient s'effondrer dans un état très dense (une étoile de neutrons, par exemple), ou en trou noir. Les régions extérieures de l'étoile peuvent parfois avoir été soufflées lors d'une gigantesque explosion que l'on appelle supernova, qui peut surpasser en brillance toutes les autres étoiles de la galaxie. Quelques-uns des éléments plus lourds produits au cours des derniers temps de la vie de l'étoile seraient rejetés dans le gaz de la galaxie et constitueraient une partie du matériau brut pour la génération suivante d'étoiles. Notre propre Soleil contient environ 2 % de ces éléments plus lourds, parce que c'est une étoile de seconde – ou de troisième – génération, formée il y a quelque cinq milliards d'années à partir d'un nuage de gaz en rotation contenant des débris de supernovae anciennes. La majorité du gaz dans ce nuage forma le Soleil ou fut soufflée, mais une petite quantité d'éléments plus lourds s'assemblèrent pour former les corps qui tournent aujourd'hui autour du Soleil, à savoir les planètes comme notre Terre.

La Terre fut au départ très chaude et dépourvue d'atmosphère. Au cours du temps, elle s'est refroidie et a acquis une atmosphère due aux émissions gazeuses des roches. Nous n'aurions pu survivre dans cette atmosphère primitive car elle ne contenait pas d'oxygène mais bien toute une série d'autres gaz mortels pour nous, comme l'hydrogène sulfuré (le gaz qui donne aux œufs pourris leur odeur). Certes, d'autres formes primitives de vie pourraient s'épanouir dans de telles conditions. On pense qu'elles se sont développées dans les océans, résultant peut-être de combinaisons au hasard d'atomes en grandes structures appelées macromolécules, capables de rassembler d'autres atomes dans l'océan en structures similaires. Celles-ci se seraient alors reproduites elles-mêmes et multipliées. Dans certains cas, il y aurait eu des erreurs de reproduction. La plupart de ces erreurs auraient abouti à une nouvelle macromolécule incapable de se reproduire elle-même et qui, finalement, aurait été détruite. Cependant, quelques autres erreurs auraient produit de nouvelles macromolécules, plus efficaces sur le plan de la reproduction. Elles auraient donc été avantagées et auraient ainsi peu à peu remplacé les macromolécules originales. De cette façon, un processus d'évolution débuta, qui conduisit au développement d'organismes de plus en plus complexes et autoreproducteurs. Les toutes premières forme de vie primitive consommaient différents matériaux, y compris l'hydrogène sulfuré, et rejetaient de l'oxygène. Cela modifia peu à peu l'atmosphère jusqu'à sa composition actuelle et permit le développement de plus grandes formes de vie tels les poissons, les reptiles, les mammifères et enfin, la race humaine.

Cette description de l'univers, très chaud au départ puis se refroidissant au fur et à mesure qu'il se dilate, est en accord avec toutes les preuves observationnelles dont nous disposons de nos jours. Néanmoins, il reste un certain nombre de questions importantes encore sans réponse :

1o Pourquoi l'univers primitif fut-il si chaud?

2o Pourquoi l'univers est-il si uniforme à grande échelle? Pourquoi semble-t-il être identique en tous points de l'espace et dans toutes les directions? En particulier, pourquoi la température du rayonnement centimétrique du fonds du ciel est-elle si constante quand nous regardons dans différentes directions? C'est un peu comme si l'on posait à un certain nombre d'étudiants une question d'examen. S'ils donnent tous exactement la même réponse, vous pouvez être à peu près sûr qu'ils auront communiqué entre eux. Cependant, dans le modèle décrit ici, la lumière n'aurait pas eu assez de temps depuis le Big Bang pour aller d'une région éloignée à une autre, même si ces régions avaient été voisines dans l'univers primitif. Selon la théorie de la Relativité, si la lumière ne peut pas parvenir d'une région dans une autre, aucune autre information ne le pourra. Aussi, n'y aurait-il aucune raison pour que des régions différentes de l'univers primitif puissent en arriver à avoir la même température que les autres à moins que, pour une raison inexpliquée, elles aient commencé leur existence avec la même température.

3o Pourquoi l'univers a-t-il démarré avec un taux d'expansion aussi proche de la valeur critique qui sépare les modèles annonçant sa recontraction de ceux qui le dilatent à jamais, de telle façon que même maintenant, dix milliards d'années plus tard, il se dilate encore à un taux voisin de cette valeur cri-

tique? Si, une seconde après le Big Bang, le taux
d'expansion avait été plus petit ne serait-ce que d'un
pour cent millions de milliards, l'univers se serait
recontracté avant d'avoir atteint sa taille présente.

4º En dépit du fait que l'univers est si uniforme et
homogène à grande échelle, il contient quelques irrégularités locales, comme les étoiles et les galaxies. On
pense qu'elles se sont constituées à partir de petites
différences dans la densité de l'univers primitif d'une
région à l'autre. Quelle est l'origine de ces fluctuations?

La théorie de la Relativité Générale, en elle-même,
ne peut expliquer ces caractéristiques ou répondre à
ces questions à cause de sa prédiction : l'univers a
commencé avec une densité infinie à la singularité du
Big Bang. A la singularité, la Relativité Générale et
toutes les autres lois physiques s'anéantiraient : on ne
pourrait prédire ce qu'il sortirait de la singularité.
Comme nous l'avons déjà expliqué, cela signifie que
l'on peut aussi bien retrancher le Big Bang et tous les
événements antérieurs de la théorie parce qu'ils n'ont
aucun effet sur ce que l'on observe. L'espace-temps
devrait avoir une frontière, un commencement, au
Big Bang.

La science semble avoir découvert un ensemble de
lois, à l'intérieur des limites apportées par le principe
d'incertitude, qui nous dit comment l'univers se déve-
loppera dans le temps si nous connaissons son état à
un moment quelconque. Ces lois peuvent avoir à l'origine été créées par Dieu, mais il semble que ce dernier ait, depuis lors, laissé l'univers évoluer d'après
elles et qu'il n'intervienne plus. Mais comment a-t-il
choisi l'état initial ou la configuration de l'univers?
Quelles sont les « conditions aux limites » au
commencement du temps?

Une réponse possible consiste à dire que Dieu a
choisi la configuration initiale de l'univers pour des

raisons que nous ne pouvons espérer comprendre. Cela aurait certainement été dans les cordes d'un être tout-puissant, mais s'il l'a fait commencer de façon aussi incompréhensible, pourquoi a-t-il choisi de le laisser évoluer selon des lois que nous pouvons comprendre? L'histoire des sciences tout entière n'est que la compréhension progressive du fait que les événements n'arrivent pas de manière arbitraire mais qu'ils reflètent un certain ordre sous-jacent qui peut ou non avoir été inspiré du divin. Il serait seulement naturel de supposer que cet ordre dût s'appliquer non seulement aux lois mais aussi aux conditions à la frontière de l'espace-temps qui spécifient l'état initial de l'univers. Il peut y avoir un certain nombre de modèles d'univers avec différentes conditions initiales qui obéissent tous aux lois. Il devrait y avoir quelque principe qui distingue un état initial, et donc un modèle, pour représenter notre univers.

Une telle possibilité est ce que l'on a appelé les conditions aux limites chaotiques. Elles posent implicitement ou bien que l'univers est spatialement fini ou qu'il y a une infinité d'univers. Dans ces conditions-là, la probabilité de trouver une région particulière de l'espace dans n'importe quelle configuration donnée juste après le Big Bang est égale, dans un certain sens, à celle de trouver cette même région dans une tout autre configuration : l'état initial de l'univers est choisi parfaitement au hasard. Cela signifie que l'univers primitif a dû être probablement très chaotique et irrégulier parce qu'il y a beaucoup plus de configurations chaotiques et désordonnées pour l'univers qu'il n'y en a de lisses et d'ordonnées. (Si la probabilité est la même pour chaque configuration, il est vraisemblable que l'univers a commencé dans un état chaotique et désordonné, tout simplement parce que ces états sont plus nombreux.) Il est difficile de voir comment des conditions de chaos initial peuvent avoir donné naissance à un univers aussi lisse et aussi régulier à grande échelle que le nôtre à l'heure actuelle. On s'attendrait également à ce que les fluctuations de densité dans un tel modèle amènent la formation de beaucoup plus de trous noirs primordiaux que ce que la limite supérieure établie par les observations du fonds du ciel en rayonnement gamma ne l'autorise.

Si l'univers est vraiment spatialement infini, ou s'il y a une infinité d'univers, il devrait y avoir probablement de vastes régions quelque part qui ont commencé d'une manière lisse et uniforme. C'est un peu comme la cohorte bien connue de singes tapant sur leurs machines à écrire – la plus grande part de ce qu'ils écriront sera à mettre au rebut mais, très occasionnellement, par pur hasard, ils écriront l'un des *Sonnets* de Shakespeare. De façon similaire, dans le cas de l'univers, se pourrait-il que nous vivions dans une région qui, par hasard, est lisse et uniforme? A première vue, cela pourrait sembler très improbable parce que de telles régions lisses auraient dû être largement dépassées en nombre par les régions chaotiques et irrégulières. Cependant, supposons qu'il n'y ait de galaxies et d'étoiles formées que dans les régions uniformes et qu'il n'y ait que là, également, que l'on rencontre de bonnes conditions pour le développement d'organismes compliqués s'autorépliquant comme nous, capables de poser la question : Pourquoi l'univers est-il si lisse? C'est un exemple d'application de ce que l'on connaît sous le nom de principe anthropique qui peut être résumé par la phrase : « C'est parce que nous existons que nous voyons l'univers tel qu'il est. »

Il y a deux versions de ce principe anthropique, une faible et une forte. Le principe anthropique faible pose que dans un univers qui est grand et infini dans l'espace et/ou dans le temps, les conditions nécessaires au développement de la vie intelligente ne se rencontreront que dans certaines régions limitées dans l'espace et dans le temps. Les êtres intelligents de ces régions devraient donc ne pas être étonnés d'observer que leur voisinage dans l'univers remplisse les conditions qui sont nécessaires pour leur existence. Un peu comme une personne riche vivant dans un environnement riche sans jamais voir de pauvreté.

Un exemple de l'utilisation de ce principe anthropique faible est d' « expliquer » pourquoi le Big Bang est apparu il y a dix milliards d'années de cela (il a fallu tout ce temps aux êtres intelligents pour évoluer). Comme nous l'avons déjà expliqué, une génération primitive d'étoiles a d'abord dû se former. Ces étoiles ont converti une partie de l'hydrogène et de l'hélium originaux en des éléments tels que le carbone et l'oxygène dont nous sommes faits. Les étoiles ont alors explosé en supernovae et leurs débris ont formé d'autres étoiles et des planètes, dont celles de notre Système Solaire, qui a environ cinq milliards d'années d'existence. Les premiers deux milliards d'années d'existence de la Terre furent trop chauds pour que s'y développât quoi que ce soit de complexe. Les trois milliards d'années suivants, ou à peu près, ont été employés au lent processus d'évolution biologique qui a conduit du plus simple des organismes aux êtres capables de remonter le temps jusqu'au Big Bang.

Peu de personnes devraient contester la validité ou l'utilité du principe anthropique faible. Certains, cependant, vont plus loin et proposent une version forte de ce principe : ou bien il existe beaucoup d'univers différents ou bien il existe de nombreuses régions différentes dans un seul univers, chacun avec sa propre configuration initiale et, peut-être, avec son propre ensemble de lois scientifiques. Dans la plupart de ces univers, les conditions ne seraient pas favorables au développement d'organismes complexes; ce n'est que dans quelques univers comme le nôtre que des êtres intelligents auraient pu se développer et poser la question : « Pourquoi l'univers est-il tel que nous le voyons? » La réponse est simple : s'il avait été différent, nous ne serions pas là!

Les lois de la physique, nous le savons aujourd'hui, contiennent beaucoup de nombres fondamentaux, comme la charge électrique de l'électron et le rapport des masses du proton et de l'électron. Nous ne pouvons pas, en ce moment du moins, prédire théoriquement la valeur de ces nombres – nous devons les trouver à partir de l'observation. Il se peut qu'un jour nous découvrions une théorie complètement unifiée qui les prédise tous, mais il est aussi possible que quelques-uns d'entre eux ou tous varient d'un univers à l'autre ou à l'intérieur d'un seul univers. Le fait remarquable est que la valeur de ces nombres semble avoir été finement ajustée pour rendre possible le développement de la vie. Par exemple, si la charge électrique de l'électron avait été légèrement différente, les étoiles auraient pu être incapables de consommer de l'hydrogène et de l'hélium ou elles n'auraient pas explosé. Bien sûr, il pourrait y avoir d'autres formes de vie intelligente – dont les écrivains de science-fiction n'auraient même pas rêvé – qui ne requièrent pas la lumière d'une étoile comme le Soleil ou les éléments chimiques plus lourds forgés au sein des étoiles et soufflés dans l'espace quand elles explosent. Néanmoins, il est évident qu'il y a relativement peu de variations de valeurs pour ces nombres qui auraient permis le développement de toute forme de vie intelligente. La plupart de ces ensembles de valeurs auraient donné naissance à des univers qui, bien qu'ils puissent être très beaux, n'auraient contenu personne pour admirer leur beauté.

On peut prendre cela comme preuve d'une résolution divine de Création et duchoix des lois physiques, ou comme support du principe anthropique fort.

On peut élever un certain nombre d'objections à l'encontre du principe anthropique fort en tant qu'explication de l'état observé de l'univers. Tout d'abord, dans quel sens pourrait-on dire que tous ces univers différents existent? S'ils sont réellement sépa- rés les uns des autres, qu'arrive-t-il si un autre univers ne peut avoir aucune conséquence observable dans le nôtre propre? Nous devrions donc utiliser le principe d'économie et le retrancher de la théorie. Si, d'un autre côté, ce sont simplement des régions différentes d'un seul univers, les lois de la physique devraient être les mêmes dans chacune de ces régions, parce que s'il n'en était pas ainsi on ne pourrait se déplacer d'une région à une autre. Dans ce cas, la seule dif- férence entre les régions devrait être leur configura- tion initiale et ainsi, le principe anthropique fort devrait s'en trouver réduit à sa version faible.

La seconde objection au principe anthropique fort est qu'il va à contre-courant de toute l'histoire des sciences. Nous avons développé à partir des cosmo- logies géocentriques de Ptolémée et de ses ancêtres, en passant par la cosmologie héliocentrique de Copernic et de Galilée, notre description moderne dans laquelle la Terre est une planète de taille moyenne tournant autour d'une étoile normale dans les régions extérieures d'une galaxie-spirale ordinaire, qui n'est elle-même qu'une galaxie parmi les milliers de milliards d'autres dans l'univers observable. Main- tenant, le principe anthropique fort poserait que l'ensemble de cette grande construction n'existerait que pour nous. C'est très difficile à croire. Notre Sys- tème Solaire est certainement une condition préa- lablement nécessaire à notre existence et l'on pour- rait étendre cela à l'ensemble de notre Galaxie pour

tenir compte de la génération primitive d'étoiles qui
ont créé les éléments plus lourds. Mais il ne semble
pas nécessaire pour toutes les autres galaxies, ni pour
l'univers lui-même, d'être aussi uniformes ni aussi
semblables dans toutes les directions sur une grande
échelle.

Le principe anthropique nous rendrait plus heureux, du moins dans sa version faible, si l'on pouvait
montrer qu'un nombre significatif de configurations
initiales différentes pour l'univers auraient pu évoluer
de manière à produire un univers tel que celui
que nous observons. Si c'était le cas, un univers qui
s'est développé à partir d'une certaine sorte de conditions initiales aléatoires devrait contenir un certain
nombre de régions lisses et uniformes convenant à
l'évolution d'une vie intelligente. Au contraire, si le
stade initial de l'univers a été choisi avec le plus de
soin possible pour en arriver à ce que nous voyons
autour de nous, l'univers n'aurait que peu de chances
de contenir *quelque* région dans laquelle la vie pourrait apparaître. Dans le modèle de Big Bang chaud
décrit auparavant, il n'y avait pas assez de temps
dans l'univers primitif pour que la chaleur puisse
s'écouler d'une région à une autre. Cela signifie que
le stade initial de l'univers devrait avoir eu exactement la même température partout pour pouvoir
rendre compte du fait que le rayonnement centimétrique du fonds du ciel a la même température dans
toutes les directions où nous regardons. Le taux
d'expansion initial devrait également avoir été choisi
très précisément pour que celui-ci soit encore assez
près de la valeur critique nécessaire pour éviter tout
effondrement. Cela signifie que l'état initial de l'univers a dû réellement être choisi avec beaucoup de
prudence, si le modèle de Big Bang chaud est correct
jusqu'au commencement des temps. Il serait très difficile d'expliquer que l'univers n'aurait dû commen-

cer que de cette façon, à moins que ce ne soit l'acte d'un Dieu désireux de créer des êtres comme nous.

Dans l'effort pour trouver un modèle d'univers où plusieurs configurations initiales différentes auraient évolué pour donner quelque chose comme notre univers actuel, un chercheur du Massachusetts Institute of Technology, Alan Guth, a suggéré que l'univers primitif aurait pu traverser une période d'expansion très rapide. Cette expansion est dite « inflationnaire », ce qui signifie que l'univers, à un moment donné, s'est dilaté à un taux croissant au lieu du taux décroissant qu'il affiche aujourd'hui. Selon Guth, le rayon de l'univers a augmenté d'un millier de milliards de milliards de milliards de fois (un 1 avec 30 zéros derrière) en une minuscule fraction de seconde.

Guth suggéra que l'univers avait émergé du Big Bang dans un état très chaud mais plutôt chaotique. A ces hautes températures, les particules dans l'univers se seraient mues très rapidement et auraient eu de hautes énergies. Comme nous l'avons déjà évoqué, on devrait s'attendre à ce que, à des températures si élevées, les interactions nucléaires forte et faible et la force électromagnétique s'unifient en une seule et unique force. Au fur et à mesure que l'univers se dilatait, il s'est refroidi, et l'énergie des particules s'est abaissée. Finalement, il y aurait eu ce que l'on appelle une transition de phase, et la symétrie entre les forces aurait été brisée : l'interaction forte serait devenue différente de l'interaction faible et de la force électromagnétique. Un exemple courant de transition de phase est la prise en glace de l'eau lorsque vous la refroidissez. L'eau liquide est symétrique, la même en tous points et dans toutes les directions. Cependant, quand les cristaux de glace se forment, ils prennent des positions bien définies et s'alignent dans une certaine direction. Cela brise la symétrie de l'eau.

Si l'on agit avec précaution, on peut surrefroidir de l'eau, c'est-à-dire que l'on peut réduire sa température au-dessous du point de glaciation (0 ºC) sans que la glace se forme [1]. Guth a suggéré que l'univers aurait pu se conduire de façon semblable : la température aurait pu chuter au-dessous de la valeur critique sans que la symétrie entre les forces soit brisée. Si c'est ce qui s'est passé, l'univers aurait dû alors être dans un état instable, avec plus d'énergie que si la symétrie avait été brisée. Cette énergie supplémentaire spéciale pourrait être mise en évidence par un effet anti-gravitationnel : elle aurait agit exactement comme la constante cosmologique qu'Einstein introduisit dans la Relativité Générale quand il essayait de construire un modèle d'univers statique. Puisque l'univers se serait déjà dilaté exactement comme dans le modèle de Big Bang chaud, l'effet répulsif de cette constante cosmologique l'aurait donc fait se dilater à un taux toujours croissant. Même dans les régions où il y avait plus de particules de matière que la moyenne, l'attraction gravitationnelle de la matière aurait été contrebalancée et annulée par la répulsion de la constante cosmologique effective. Donc, ces régions devraient aussi se dilater d'une manière accélérée, inflationnaire. Du fait de leur dilatation et parce que les particules de matière s'éloignent de plus en plus les unes des autres, on resterait avec un univers en expansion qui ne contient guère de particules et qui est encore surrefroidi. Toutes les irrégularités dans l'univers auraient simplement été lissées par l'expansion, comme les rides d'un ballon s'effacent lorsque vous soufflez dedans. Aussi, l'état actuel de l'univers, lisse et uniforme, pourrait avoir évolué à partir de différents états initiaux non uniformes.

---

1. On parle alors de « surfusion ». (*NdT.*)

Dans un tel univers, dans lequel l'expansion a été accélérée par une constante cosmologique plutôt que ralentie par l'attraction gravitationnelle de la matière, la lumière aurait eu assez de temps pour voyager d'une région à une autre de l'univers primitif. Ce serait une solution au problème évoqué plus haut : comment différentes régions de l'univers primitif peuvent-elles présenter les mêmes propriétés ? De plus, le taux d'expansion de l'univers serait automatiquement devenu très proche du taux critique déterminé par la densité de l'énergie de l'univers. Cela pourrait donc expliquer pourquoi le taux d'expansion est encore si proche de la valeur critique, sans avoir à affirmer que le taux initial d'expansion de l'univers a été choisi avec précaution.

L'idée de l'inflation pourrait également expliquer pourquoi il y a tant de matière dans l'univers. Il y a quelque chose comme cent millions de milliards de milliards de milliards de milliards de milliards de milliards de milliards de milliards (un 1 suivi de 80 zéros) de particules dans la région de l'univers que nous pouvons observer. D'où viennent-elles toutes ? La mécanique quantique répond que les particules peuvent être créées à partir d'énergie sous la forme de paires particules/anti-particules. Mais cela même soulève la question de la provenance de l'énergie. La réponse est que l'énergie totale de l'univers est exactement égale à zéro. On a établi que la matière dans l'univers est faite d'énergie positive. Cependant, toute la matière s'attire elle-même par gravité. Deux morceaux de matière qui sont proches l'un de l'autre ont moins d'énergie que les mêmes morceaux largement séparés, parce que vous devez dépenser de l'énergie pour les séparer contre la force gravitationnelle qui tend à les rapprocher. Donc, en un sens, le champ gravitationnel a une énergie négative. Dans le cas de l'univers, à peu près uniforme dans l'espace, on peut montrer que cette énergie gravitationnelle négative annule exactement l'énergie positive représentée par la matière. Aussi l'énergie totale de l'univers est-elle égale à zéro.

Deux fois zéro feront toujours zéro. Aussi, l'univers peut-il doubler la quantité d'énergie de matière positive et doubler également l'énergie négative de gravitation sans violer la conservation de l'énergie. Cela n'arrive pas dans l'expansion normale de l'univers au cours de laquelle la densité d'énergie de matière diminue au fur et à mesure que l'univers devient plus grand. Mais cela arrive dans une expansion inflationnaire parce que la densité d'énergie du stade surrefroidi reste constante alors que l'univers se dilate : quand l'univers double de taille, l'énergie de matière positive et l'énergie gravitationnelle négative doublent toutes deux, aussi l'énergie totale reste-t-elle nulle. Durant la phase inflationnaire, l'univers accroît considérablement sa taille. Aussi, la quantité totale d'énergie disponible pour donner naissance à des particules est-elle très grande. Comme Guth le fit remarquer, on dit qu'il n'y a « rien de tel qu'un déjeuner gratuit. Mais l'univers est l'ultime déjeuner gratuit ».

L'univers ne se dilate pas de façon inflationnaire aujourd'hui. Aussi dut-il y avoir un mécanisme qui a éliminé la très grande constante cosmologique effective et modifié le taux d'expansion, d'accéléré qu'il était en ce taux ralenti par la gravité que nous connaissons aujourd'hui. Dans l'expansion inflationnaire, on pourrait s'attendre à ce que finalement, la symétrie entre les forces soit brisée, exactement comme de l'eau en surfusion finit toujours par geler. L'énergie supplémentaire de l'état de symétrie non rompue serait alors libérée et pourrait réchauffer l'univers jusqu'à une température à peine inférieure à la température critique de la symétrie entre les forces. L'univers se mettrait alors à se dilater et à se refroidir exactement comme le modèle de Big Bang chaud, mais on aurait maintenant l'explication pour une expansion de l'univers exactement au taux critique et pour les différentes régions à même température.

Dans la proposition originale de Guth, la phase de transition était supposée arriver soudainement, à peu près comme l'apparition de cristaux de glace dans de l'eau très froide. L'idée était que les « bulles » de la nouvelle phase de symétrie brisée auraient été formées dans l'ancienne phase, comme des bulles de vapeur au sein d'eau bouillante. Les bulles sont supposées se dilater et se réunir les unes aux autres jusqu'à ce que tout l'univers soit dans la nouvelle phase. L'ennui, que plusieurs personnes et moi-même avons remarqué, c'est que l'univers se dilatait si vite que, même si les bulles croissaient à la vitesse de la lumière, elles devraient se séparer les unes des autres et ne pourraient pas se rejoindre. L'univers se retrouverait dans un état parfaitement non uniforme, avec quelques régions ayant encore une symétrie entre différentes forces. Un tel modèle d'univers ne correspondrait pas à ce que nous voyons.

En octobre 1981, je fis à Moscou une conférence sur la gravité quantique. Après cela, je donnai au Sternberg Astronomical Institute un séminaire sur le modèle inflationnaire et ses problèmes. J'avais d'abord demandé à quelqu'un d'autre de parler en mon nom parce qu'on ne comprend pas toujours ma voix. Mais le temps manqua pour tout préparer. J'ai donc parlé moi-même, un de mes étudiants diplômés répétant mes paroles. Ça a bien marché et cela m'a permis d'avoir plus de contacts avec l'assistance où se trouvait un jeune Soviétique, Andreï Linde, de l'Institut Lebedev de Moscou. Il fit remarquer que la difficulté des bulles qui ne se rejoignaient pas pouvait

être gommée, pourvu que celles-ci soient si grandes
que notre région d'univers soit tout entière contenue
dans l'une d'elles. Pour que cela marche, le changement de la symétrie en symétrie brisée aurait pu
intervenir très lentement à l'intérieur de la bulle;
c'était tout à fait possible en tenant compte des théories de grande unification. L'idée de Linde d'une brisure lente de symétrie était excellente, mais je réalisai plus tard que les bulles auraient dû être bien plus
grandes que l'univers entier à chaque fois ! Je démon-
trai à la place que la symétrie aurait dû être brisée
partout au même instant, au lieu de l'être simplement
à l'intérieur des bulles. Cela aurait conduit à un univers uniforme, comme nous l'observons. J'étais très
excité par cette idée et j'en discutai avec l'un de mes
étudiants, Ian Moss. En tant qu'ami de Linde, je fus
assez embarrassé, cependant, lorsqu'un journal scientifique m'envoya son article et me demanda s'il
convenait de le publier. Je répondis en relevant
l'inconvénient des bulles qui auraient dû être plus
grandes que l'univers, mais en ajoutant que l'idée de
base d'une brisure lente de symétrie était très bonne.
Je recommandai la publication de l'article tel qu'il
était parce que cela aurait demandé à Linde plusieurs mois pour le corriger, puisque tout ce qu'il
envoyait à l'Ouest devait franchir la censure soviétique qui n'était jamais ni très adroite ni très rapide
pour les articles scientifiques. A la place, je publiai
un court article avec Ian Moss dans le même journal
dans lequel nous mîmes en évidence ce problème des
bulles et où nous montrions comment le résoudre.

Le lendemain de mon retour de Moscou, je partis
pour Philadelphie, où je devais recevoir une médaille
du Franklin Institute. Ma secrétaire, Judy Fella,
avait mis en œuvre son charme non négligeable pour
persuader la British Airways de nous offrir des places
en Concorde à titre de publicité. Cependant, sur la

route de l'aéroport, une pluie battante me fit man-
quer l'avion. Ayant réussi malgré tout à rejoindre
Philadelphie, je reçus ma médaille. On me demanda
alors de faire à l'université Drexel un séminaire sur
l'univers inflationnaire. Je prononçai donc à nouveau
mon laïus moscovite.

Une idée tout à fait semblable à celle de Linde fut
avancée quelques mois plus tard de façon indépendante par Paul Steinhardt et Andreas Albrecht de
l'université de Pennsylvanie. Ils sont aujourd'hui cré-
dités en même temps que Linde de ce que l'on
appelle le « nouveau modèle inflationnaire », basé sur
l'idée d'une brisure lente de symétrie. (Le vieux
modèle inflationnaire était la suggestion originale de
Guth d'une symétrie rapidement brisée avec formation de bulles.)

Le nouveau modèle inflationnaire constituait une
bonne tentative pour expliquer pourquoi l'univers
était tel qu'il est. Cependant, plusieurs personnes
dont moi-même montrèrent que, du moins dans sa
forme originale, il prédisait une variation beaucoup
plus grande de température du rayonnement centimétrique du fonds du ciel que l'on ne l'observe en
fait. Un travail ultérieur jeta aussi un doute sur
l'éventuelle phase de transition qu'il requérait dans
l'univers très primitif. A mon avis, le nouveau modèle
inflationnaire n'existe plus en tant que théorie scientifique, bien que beaucoup ne semblent pas avoir
entendu parler de sa destitution et écrivent des
articles dessus comme s'il était encore à l'honneur.
Meilleur que son prédécesseur, le modèle chaotique
inflationnaire fut avancé par Linde en 1983. Ni
phase de transition ni surfusion; à la place, un champ
de spin 0 qui, à cause des fluctuations quantiques,
pourrait prendre de grandes valeurs dans quelques
régions de l'univers primitif. L'énergie du champ de
ces régions se comporterait comme la constante cos-

mologique. Elle aurait un effet gravitationnel répulsif
et leur permettrait de se dilater de façon inflationnaire. Au fur et à mesure de leur expansion, l'énergie
de leur champ décroîtrait lentement jusqu'à ce que
l'expansion inflationnaire se modifie en une expansion semblable à celle du modèle de Big Bang chaud.
L'une de ces régions aurait pu devenir ce que nous
voyons aujourd'hui, notre univers observable. Ce
modèle présente tous les avantages des modèles à
inflation précédents, mais ne dépend pas d'une éventuelle phase de transition et accorde aux fluctuations
dans la température du rayonnement centimétrique
du fonds du ciel une grandeur raisonnable, qui correspond à l'observation.

Ce travail sur les modèles inflationnaires a montré
que l'état présent de l'univers a pu naître à partir
d'un grand nombre de configurations initiales différentes. C'est important, parce que cela montre que
l'état initial de la partie de l'univers dans laquelle
nous habitons n'a pas eu besoin d'avoir été choisie
avec soin. Aussi pouvons-nous, si nous le désirons, utiliser le principe anthropique faible pour expliquer
pourquoi l'univers ressemble à ce qu'il est
aujourd'hui. Il ne peut être question, cependant, que
toute configuration initiale ait pu mener à un univers
tel que celui que nous observons. On peut le montrer
en examinant un état très différent pour l'univers à
l'heure actuelle, disons, un univers plein de grumeaux
et très irrégulier On pourrait utiliser les lois de la
physique pour faire remonter cet univers dans le
temps et déterminer sa configuration aux époques
primitives. Selon les théorèmes de singularité de la
Relativité Générale classique, il devrait également
comporter une singularité de type Big Bang. Si vous
faites évoluer un tel univers suffisamment longtemps
dans le temps selon les lois que nous connaissons,
vous obtiendrez un état grumeleux et irrégulier iden-

tique à celui dont vous êtes parti. Aussi doit-il y avoir eu des configurations initiales qui n'auraient pas donné naissance à un univers tel que nous le connaissons aujourd'hui. Même le modèle inflationnaire ne nous dit pas comment la configuration initiale n'a pas été de nature à produire quelque chose de tout à fait différent de ce que nous observons. Devons-nous retourner au principe anthropique en guise d'explication ? Tout cela n'est-il qu'un hasard heureux ? Cela ressemblerait à une constatation désespérée, la négation de tous nos espoirs de comprendre l'ordre sous-jacent de l'univers.

Pour prédire comment l'univers aurait pu commencer, on a besoin de lois qui tiennent le coup au commencement du temps. Si la classique théorie de la Relativité Générale est juste, les théorèmes de singularité que Roger Penrose et moi-même avons mis en évidence montrent que le commencement du temps aurait été un point de densité infinie et d'infinie courbure de l'espace-temps. Toutes les lois de la physique que nous connaissons ne sont plus valables en un tel point. On pourrait inventer de nouvelles lois valables aux singularités, mais il serait très difficile tout de même de les formuler en de tels points au comportement aberrant, et nous n'aurions aucun guide fourni par les observations pour nous montrer à quoi elles pourraient bien ressembler. Cependant, ce que les théorèmes de singularité indiquent en réalité, c'est que le champ gravitationnel devient si intense que les effets gravitationnels quantiques deviennent importants : la théorie classique n'est donc plus une bonne description de l'univers. Aussi doit-on utiliser la théorie quantique de la gravitation pour discuter des états très primitifs de l'univers. Comme nous le verrons, dans la théorie quantique, il est possible aux lois de la physique d'être valables partout, y compris au commencement du temps : il n'est pas nécessaire de postuler de nouvelles lois pour les singularités, parce qu'on n'a nul besoin de singularité en théorie quantique.

Nous n'avons pas encore de théorie complète et conséquente qui combine la mécanique quantique et la gravitation. Cependant, nous sommes pratiquement certains de connaître quelques-unes des caractéristiques qu'une telle théorie unifiée devrait présenter. L'une d'elles dit qu'elle devrait englober la proposition de Feynmann de formuler la théorie quantique en termes d'intégrale de chemins. Dans cette approche une particule n'a pas une seule trajectoire, comme ce serait le cas dans une théorie classique. Au contraire, on suppose qu'elle suit toutes les trajectoires possibles de l'espace-temps; à chacun de ces chemins est associé un couple de nombres, l'un désignant la grandeur de l'onde et l'autre, sa situation dans le cycle (sa phase). La probabilité qu'une particule passe, disons, par des points particuliers s'obtient en additionnant les ondes associées avec toutes les trajectoires possibles qui passent par eux. Or, lorsqu'on essaie de faire ces intégrales, on va au-devant de sérieux problèmes techniques. Le mode d'emploi est le suivant : additionner les ondes des trajectoires des particules qui ne sont pas dans le temps « réel », que vous et moi expérimentons, mais qui prennent place dans ce que nous appelons un temps « imaginaire ». Le temps imaginaire peut sembler appartenir à la fiction mais c'est un concept mathématique bien défini. Si nous prenons n'importe quel nombre ordinaire (ou « réel ») et que nous le multiplions par lui-même, le résultat sera un nombre positif. (Par exemple, $2 \times 2 = 4$, mais c'est la même chose pour -2×-2.) Il y a cependant des nombres spéciaux (appelés imaginaires) qui donnent des nombres négatifs lorsqu'on les multiplient par eux-mêmes. (Celui que l'on désigne par i donne -1

lorsqu'on le multiplie par lui-même, $2i$ multiplié par lui-même donnera -4, etc.) Pour éviter les difficultés techniques dans le cas de l'intégrale des chemins de Feynmann, on doit faire appel au temps imaginaire. Ce qui revient à dire que, pour les besoins du calcul, il faudra mesurer le temps à l'aide de nombres imaginaires plutôt qu'à l'aide de nombres réels. Intéressante conséquence sur l'espace-temps : la distinction entre le temps et l'espace disparaît complètement. Un espace-temps dans lequel les événements ont des valeurs imaginaires pour leur coordonnée temporelle est dit euclidien, d'après Euclide, Grec de l'antiquité qui découvrit l'étude de la géométrie des surfaces à deux dimensions. Ce que nous appelons maintenant espace-temps euclidien en est très voisin, sinon que nous utilisons quatre dimensions au lieu de deux. Dans l'espace-temps euclidien, il n'y a pas de différence entre la dimension du temps et une dimension de l'espace. Contrairement à l'espace-temps réel, dans lequel les événements sont catalogués par des valeurs ordinaires, réelles, de la coordonnée temporelle, il est aisé de faire la différence : la direction du temps en tous points se trouve à l'intérieur du cône de lumière, et la direction spatiale à l'extérieur. Dans tous les cas, tant que la mécanique quantique est concernée, nous pouvons envisager notre utilisation du temps imaginaire et de l'espace-temps euclidien comme un simple mécanisme mathématique (une astuce) pour calculer des réponses à propos de l'espace-temps réel.

Seconde caractéristique dont nous pensons qu'elle doit faire partie de la théorie cherchée : l'idée d'Einstein, relative à la représentation du champ gravitationnel par un espace-temps courbe; les particules essaient de suivre ce qui ressemble le plus à une trajectoire droite dans un espace courbe, mais parce que l'espace-temps n'est pas plat, leurs trajectoires appa-

raissent incurvées comme par un champ gravitationnel. Quand nous appliquons l'intégrale de chemins de Feynmann au point de vue d'Einstein sur la
gravitation, l'analogue de la trajectoire de la particule est maintenant un espace-temps courbe complet
que représente la trajectoire de l'univers tout entier.
Pour éviter les difficultés techniques en cours d'inté-
gration, ces espaces-temps courbes doivent être choisis euclidiens, avec un temps imaginaire et non dis-
tinct des directions dans l'espace. Pour calculer la
probabilité de trouver un espace-temps réel présen-
tant la propriété de paraître le même en tous points et
dans toutes les directions, on additionne les ondes
associées à toutes les trajectoires qui ont cette propriété.

Dans la théorie classique de la Relativité Générale,
il y a plusieurs espaces-temps courbes différents possibles, chacun d'eux correspondant à un état initial
différent de l'univers. Si nous connaissions l'état initial de notre univers, nous connaîtrions toute son histoire. De même, en théorie quantique de la gravité, il
y a différents états quantiques possibles pour l'univers. Encore une fois, si nous savions comment les
espaces-temps courbes euclidiens dans l'intégrale de
chemins s'étaient comportés aux temps primitifs,
nous connaîtrions l'état quantique de l'univers.

Dans la théorie classique de la gravitation, fondée
sur l'espace-temps réel, l'univers n'a que deux
manières de se comporter : ou bien il existe depuis un
temps infini, ou bien il a un commencement avec une
singularité à un moment donné dans le passé. Dans la
théorie quantique de la gravité, au contraire, il existe
une troisième possibilité. Parce que l'on utilise les
espaces-temps euclidiens, dans lesquels la direction du
temps est du même type que les directions d'espace, il
est possible pour l'espace-temps d'être fini en expansion et cependant de n'avoir aucune singularité

qui forme frontière ou bord. L'espace-temps serait comme la surface de la Terre, avec deux dimensions au plus. La surface de la Terre est finie en expansion mais elle n'a pas de frontière ou de bord. Si vous filez vers le soleil couchant, vous ne tomberez pas du bord ou vous ne vous ruerez pas dans une singularité (je le sais, j'ai fait le tour de la Terre!).

Si un espace-temps euclidien s'étend à rebours sur un temps imaginaire infini ou commence à une singularité dans un temps imaginaire, le même problème qu'avec la théorie classique se pose pour spécifier l'état initial de l'univers : Dieu doit savoir comment l'univers a commencé mais nous ne pouvons fournir aucune raison particulière de penser qu'il a commencé de telle manière plutôt que de telle autre. D'un autre côté, la théorie quantique de la gravitation a ouvert une autre voie, où l'espace-temps serait dénué de frontières; il ne serait donc pas nécessaire de spécifier son comportement à cette limite. Pas de singularités où les lois de la physique deviendraient caduques, pas de bord à l'espace-temps où faire appel à Dieu ou à de nouvelles lois. On pourrait dire : « La condition aux limites de l'univers est qu'il n'a pas de limites. » L'univers se contiendrait entièrement lui-même et ne serait affecté par rien d'extérieur à lui. Il ne pourrait être ni créé ni détruit. Il ne pourrait qu'ÊTRE.

C'est à la conférence du Vatican que j'ai déjà évoquée que j'avançai pour la première fois la suggestion que peut-être l'espace et le temps formaient ensemble une surface finie en grandeur mais sans frontières ni bord. Mon article était assez mathématique, aussi son implication dans le rôle divin de la création de l'univers ne fut-elle généralement pas reconnue à ce moment (heureusement pour moi). A cette conférence, je ne savais comment utiliser l'idée

« pas de bord » pour établir des prédictions quant à l'univers. Cependant, je passai l'été suivant à l'université de Californie, à Santa Barbara. Là, un ami et collègue, Jim Hartle, travailla avec moi sur les condiions auxquelles l'univers devrait satisfaire pour que l'espace-temps ne soit pas borné. De retour à Cambridge, je continuai avec deux de mes étudiants chercheurs, Julian Luttrel et Jonathan Halliwell.

J'aimerais insister sur le fait que cette idée que l'espace et le temps devraient être finis sans bord n'est qu'une *proposition* : elle ne peut être déduite d'aucun autre principe. Comme toute autre théorie scientifique, elle peut tout d'abord être avancée pour des raisons esthétiques ou métaphysiques, mais le véritable but est qu'elle réalise des prédictions qui collent aux observations. Cela, cependant, est difficile à déterminer dans le cas de la gravitation quantique pour deux raisons La première, comme cela sera expliqué dans le prochain chapitre, c'est que nous ne savons pas encore exactement quelle théorie combine avec succès la Relativité Générale et la Mécanique Quantique, bien que nous sachions un peu quelle forme une telle théorie devrait présenter. La seconde, c'est que tout modèle qui décrit l'univers entier en détail devrait être beaucoup trop compliqué mathématiquement pour que nous puissions être capables de fournir des prédictions exactes. On doit donc avoir recours aux hypothèses et aux approximations – et même dans ce cas, le problème de la mise en forme de prédictions reste douloureux.

Chaque trajectoire dans l'intégrale de chemins devra décrire non seulement l'espace-temps mais tout ce qu'il y a dedans, y compris les organismes complexes comme les êtres humains qui peuvent observer l'histoire de l'univers. Cela peut fournir une autre justification au principe anthropique, car si toutes les trajectoires sont possibles aussi longtemps que nous existerons dans l'une d'elles, nous nous devrons d'utiliser le principe anthropique pour expliquer pourquoi l'univers est tel qu'il est. Quelle signification rattacher exactement aux autres trajectoires, dans lesquelles nous n'existons pas, ce n'est pas clair. Ce point de vue de la théorie quantique de la gravitation serait beaucoup plus satisfaisant, cependant, si l'on pouvait montrer, en faisant l'intégrale des chemins, que notre univers n'était qu'une des trajectoires possibles mais l'une des plus probables. Pour cela, nous devrions arriver à calculer l'intégrale de toutes les trajectoires dans les espaces-temps euclidiens non bornés.

Dans l'hypothèse « pas de bord », on voit que le hasard d'un univers conçu comme suivant la plupart des trajectoires possibles est négligeable; mais il existe une famille particulière de trajectoires beaucoup plus probables que les autres. Ces trajectoires peuvent être représentées comme la surface de la Terre, avec la distance au pôle Nord représentant le temps imaginaire et la grandeur du cercle de distance constante à partir du pôle Nord, la grandeur spatiale de l'univers. L'univers commence au pôle Nord comme point unique. Au fur et à mesure que l'on se déplace vers le sud, les cercles de latitude à distance constante du pôle Nord deviennent plus grands, ce qui correspond à un univers en expansion avec un temps imaginaire (fig. 8.1). L'univers atteindrait sa taille maximale à l'équateur et se contracterait avec un temps imaginaire croissant jusqu'à un point unique au pôle Sud. Bien que l'univers puisse avoir une taille nulle aux pôles Nord et Sud, ces points ne seraient pas des singularités, pas plus que les pôles Nord et Sud ne sont des singularités sur la Terre. Les lois de la physique y sont encore valables, exactement comme elles le sont aux pôles Nord et Sud sur Terre.

La trajectoire de l'univers dans le temps réel, cependant, paraît très différente. Il y a environ dix ou vingt milliards d'années, il aurait eu une taille minimale égale au rayon maximal du chemin dans le temps imaginaire. A des temps réels ultérieurs, l'univers se serait dilaté selon le modèle chaotique inflationnaire proposé par Linde (mais il ne faudrait pas assurer maintenant que l'univers fut créé dans le bon état). L'univers se dilaterait jusqu'à une très grande taille et finalement s'effondrerait en ce qui ressemble à une singularité dans le temps réel. Alors, en un sens, nous sommes encore tous condamnés, même si nous ne nous approchons pas des trous noirs. Ce n'est que si nous pouvions décrire l'univers en termes de temps imaginaire qu'il n'y aurait pas de singularités.

Si réellement l'univers était dans cet état quantique, il n'y aurait pas de singularité sur le chemin de l'univers dans le temps imaginaire. Il semblerait donc que mon plus récent travail ait complètement biffé le résultat de mon travail antérieur sur les singularités. Mais, comme je l'ai indiqué auparavant, la véritable importance des théorèmes de la singularité consiste à montrer que le champ gravitationnel peut devenir si intense que les effets gravitationnels quantiques ne peuvent plus être ignorés. Cela à son tour conduit à l'idée que l'univers devrait être fini dans un temps imaginaire sans bord ni singularité. Quand on revient au temps réel dans lequel nous vivons, cependant, il apparaît encore des singularités. Le pauvre astronaute qui tombe dans son trou noir connaîtra encore une fin délicate; ce n'est que s'il vit dans un temps imaginaire qu'il ne rencontrera pas de singularité.

Cela pourrait induire que ce que nous nommons temps imaginaire est en réalité le temps réel, et que ce que nous nommons temps réel n'est qu'une figure de notre imagination. Dans le temps réel, l'univers a un commencement et une fin à des singularités qui

forment une frontière pour l'espace-temps et auxquelles les lois se dissolvent. Mais dans le temps imaginaire, il n'y a ni singularité ni bord. Alors peut-être
que ce que nous appelons temps imaginaire est-il en
réalité beaucoup plus fondamental, et ce que nous
appelons temps réel, juste une idée que nous avons
inventée pour nous aider à décrire ce à quoi nous
croyons que l'univers ressemble. Mais selon
l'approche du chapitre 1, une théorie scientifique
n'est qu'un modèle mathématique que nous fabri-
quons pour décrire nos observations : elle n'existe que
dans notre esprit. Il est donc sans objet de se demander lequel est réel, du temps « réel » ou du temps
« imaginaire » ? Simple question de commodité de
description.

On peut aussi utiliser l'intégrale de chemins en
même temps que la proposition « pas de bord » pour
trouver quelles propriétés de l'univers ont une chance
de se manifester simultanément. Par exemple, on
peut calculer la probabilité que l'univers se dilate à
peu près au même taux dans toutes les directions au
moment où la densité de l'univers a atteint sa valeur
actuelle. Dans les modèles simplifiés où cela a été
examiné à fond, cette probabilité s'avère élevée;
c'est-à-dire que la proposition de condition « pas de
bord » mène à la prédiction qu'il est extrêmement
probable que le taux actuel d'expansion de l'univers
soit à peu près le même dans toutes les directions.
C'est compatible avec les observations du rayonnement centimétrique du fonds du ciel qui montrent
qu'il a à peu près exactement la même intensité dans
toutes les directions. Si l'univers se dilatait plus vite
dans certaines directions que dans d'autres, l'intensité du rayonnement dans ces directions serait réduite
par un décalage vers le rouge additionnel.

D'autres prédictions pour la condition « pas de
bord » sont en ce moment en cours d'élaboration. Un

problème particulièrement intéressant est celui de la taille des petites entorses dans la densité uniforme de l'univers primitif qui ont causé tout d'abord la formation des galaxies, puis celle des étoiles, et finalement la nôtre. Le principe d'incertitude implique que l'univers primitif ne peut avoir été complètement uniforme parce qu'il a dû y avoir quelques incertitudes ou fluctuations dans les positions et les vitesses des particules. En utilisant la condition « pas de bord », nous trouvons que l'univers doit en fait avoir commencé avec la plus petite non-uniformité possible autorisée par le principe d'incertitude. L'univers aurait alors vécu une période de rapide expansion, comme dans les modèles inflationnaires. Durant cette période, les non-uniformités initiales auraient été amplifiées jusqu'à ce qu'elles soient assez grosses pour expliquer l'origine des structures que nous observons autour de nous. Dans un univers en expansion dans lequel la densité de matière varie peu d'un endroit à un autre, la gravitation pourrait être cause de ce que les régions plus denses aient ralenti leur expansion et commencé à se contracter... Cela amènerait à la formation des galaxies, des étoiles et finalement même des créatures insignifiantes que nous sommes. Ainsi, toutes les structures compliquées que nous découvrons dans l'univers peuvent-elles être expliquées par la condition « pas de bord » pour l'univers *et* le principe d'incertitude de la mécanique quantique.

L'idée que l'espace et le temps peuvent former une surface fermée sans bord a également de profondes implications quant au rôle de Dieu dans les affaires de l'univers. Avec le succès des théories scientifiques qui décrivent des événements, la plupart des gens sont arrivés à croire que Dieu permet à l'univers d'évoluer selon tout un ensemble de lois et n'intervient pas pour les briser. Cependant, les lois ne nous disent pas à quoi l'univers devait ressembler lorsqu'il a commencé – ce serait encore à Dieu de remonter la pendule et de choisir comment la faire marcher. Tant que l'univers aura un commencement, nous pouvons supposer qu'il a eu un créateur. Mais si réellement l'univers se contient tout entier, n'ayant ni frontières ni bord, il ne devrait avoir ni commencement ni fin : il devrait simplement être. Quelle place reste-t-il alors pour un créateur ?

9

LA FLÈCHE DU TEMPS

Dans les chapitres précédents, nous avons vu comment nos points de vue sur la nature et le temps se sont modifiés au fil des années. Au début du siècle, les gens croyaient en un temps absolu. Chaque événement pouvait être répertorié de façon unique par un nombre appelé « temps », et toutes les bonnes horloges s'entendaient sur l'intervalle de temps entre deux événements. Cependant, la découverte que la vitesse de la lumière était la même pour tout observateur, indépendamment de son éventuel mouvement, nous conduisit à la théorie de la Relativité, et là, il fallut abandonner l'idée d'un temps unique et absolu. A sa place, chaque observateur aurait sa propre mesure du temps enregistrée par une horloge qu'il emmènerait avec lui : les horloges emmenées par différents observateurs ne seraient pas nécessairement d'accord. Donc, le temps devint un concept plus personnel, relatif à l'observateur qui le mesurait.

Lorsqu'on essaya d'unifier la gravitation et la mécanique quantique, on dut introduire la notion du temps « imaginaire ». Le temps imaginaire se confond avec les directions dans l'espace. Si l'on va vers le nord, on peut faire demi-tour et rejoindre le sud; de la même façon, si l'on avance dans le temps imaginaire, on doit être capable de faire demi-tour et de

revenir. Cela signifie qu'il ne peut y avoir de différence importante entre aller de l'avant et revenir
dans le temps imaginaire. D'un autre côté, quand on
regarde le temps « réel », il y a une très grande différence entre les directions vers l'avant et vers
l'arrière, comme nous le savons tous. D'où vient cette
différence entre le passé et le futur? Pourquoi nous
souvenons-nous du passé et non pas du futur?

Les lois de la physique ne font pas de distinction
entre le passé et le futur. Plus précisément, comme
cela vient d'être expliqué précédemment, elles sont
inchangées dans la combinaison des opérations (ou
symétries) dénommées C, P et T. (C représente le
remplacement des particules par les anti-particules;
P donne l'image miroir, droite et gauche étant inter-
changeables; T renverse la direction du mouvement
de toutes les particules; en fait, T déroule le mouvement à l'envers.) Les lois de la physique qui gouvernent le comportement de la matière dans
l'ensemble des situations normales restent inchangées
sous la combinaison des deux opérations C et P. En
d'autres termes, la vie serait exactement la même
pour les habitants d'une autre planète qui seraient à
la fois nos images miroirs et faits d'anti-matière au
lieu de matière.

Si les lois sont inchangées dans la combinaison des
opérations C et P et aussi dans la combinaison de C,
P et T, elles devraient aussi l'être dans l'opération T
toute seule. Cependant, il y a une grande différence
entre les directions vers l'avant et vers l'arrière du
temps réel dans la vie ordinaire. Imaginez qu'une
tasse tombe d'une table et se brise en morceaux sur le
plancher. Si vous filmez cela, vous pourrez aisément
dire si le film se déroule à l'endroit ou à l'envers. Si
vous le déroulez à l'envers, vous verrez les morceaux
se rassembler soudain sur le plancher et sauter en
l'air pour former une tasse entière sur la table. Vous

pouvez dire que le film va à l'envers parce que ce
genre de comportement n'est jamais observé dans la
vie ordinaire. Si c'était le cas, les fabricants de porce-
laine mettraient la clé sous la porte.

L'explication généralement donnée pour comprendre pourquoi nous ne voyons pas les tasses brisées se recoller sur le plancher et bondir pour retourner sur la table est que cela est interdit par le second
principe de la Thermodynamique. Celui-ci pose que
dans tout système clos, le désordre, ou l'entropie,
croît toujours avec le temps. C'est, formulée autrement, la loi de Murphy qui veut que la tartine de
beurre tombe toujours du mauvais côté! Une tasse
intacte sur une table est en état élevé d'ordre, mais
une tasse brisée sur le plancher est en désordre. On
peut passer aisément de la tasse sur la table dans le
passé à la tasse brisée sur le plancher dans le futur,
mais on ne fera jamais l'inverse.

L'accroissement du désordre, ou entropie, avec le
temps est un exemple de ce que l'on appelle la
« flèche du temps », indiquant une direction au
temps. Il y a au moins trois flèches du temps différentes. D'abord, il y a la « flèche thermodynamique » du temps, la direction du temps dans
laquelle le désordre ou l'entropie croît. Ensuite, il y a
la « flèche psychologique ». C'est la direction selon
laquelle nous sentons le temps passer, dans laquelle
nous nous souvenons du passé mais pas du futur.
Enfin, il y a la « flèche cosmologique », direction du
temps dans laquelle l'univers se dilate au lieu de se
contracter.

Dans ce chapitre, je vais avancer l'idée que la
condition « pas de bord » pour l'univers et le principe
anthropique faible peuvent expliquer ensemble pourquoi les trois flèches pointent dans la même direction
– et qui plus est, pourquoi il devrait exister une
flèche du temps bien définie. Je montrerai que la

flèche psychologique est déterminée par la flèche thermodynamique et que ces deux flèches pointent toujours nécessairement dans la même direction. Si l'on suppose la condition « pas de bord » pour l'univers, nous verrons qu'il doit y avoir des flèches thermodynamique et cosmologique du temps bien définies mais qu'elles ne pointent pas dans la même direction pour l'histoire entière de l'univers. Cependant, je montrerai que ce n'est que lorsqu'elles pointent dans la même direction que les conditions sont acceptables pour le développement des êtres intelligents qui peuvent poser la question : pourquoi est-ce que le désordre croît dans la même direction de temps que celle selon laquelle l'univers se dilate?

Parlons tout d'abord de la flèche thermodynamique du temps. Le second principe de la Thermodynamique résulte du fait qu'il y a toujours beaucoup plus d'états désordonnés que d'états ordonnés. Par exemple, considérons les pièces d'un puzzle dans une boîte. Il y a une et une seule disposition pour laquelle les morceaux formeront un tableau complet. D'un autre côté, il y a un très grand nombre de dispositions dans lesquelles les morceaux sont en désordre et ne représentent rien.

Supposons qu'un système démarre au sein du petit nombre de systèmes ordonnés. Au fur et à mesure que le temps passe, le système évoluera selon les lois de la physique et son état se modifiera. Un peu plus tard, il est probable que le système sera dans un état désordonné plutôt que dans un état ordonné, parce qu'il existe plus d'états désordonnés. Donc, le désordre tendra à s'accroître avec le temps si le système obéit à une condition initiale élevée d'ordre.

Supposons que les pièces du puzzle sortent de la boîte dans une disposition ordonnée selon laquelle elles forment le tableau. Si vous remuez la boîte, les morceaux prendront une autre disposition. Ce sera probablement une disposition désordonnée dans laquelle les morceaux ne formeront plus un tableau correct, simplement parce qu'il y a tant de dispositions désordonnées en plus. Quelques groupes de pièces peuvent encore former des lambeaux de tableau, mais plus vous remuerez la boîte, plus vous aurez de chances que ces groupes soient défaits et que leurs morceaux soient pêle-mêle, de sorte qu'ils ne forment plus aucune sorte de représentation. Aussi, le désordre des pièces croîtra-t-il probablement avec le temps si les morceaux obéissent à la condition initiale d'avoir été en ordre élevé.

Supposons cependant que Dieu ait décidé que l'univers devait finir dans un état d'ordre élevé mais que l'état dans lequel il a commencé n'ait aucune importance. Aux temps primitifs, l'univers aurait probablement été dans un état désordonné. Cela signifierait que le désordre devrait décroître avec le temps. Vous devriez voir les tasses brisées se rassembler et retourner d'un bond sur les tables. Cependant, tout être humain qui a observé des tasses devrait vivre dans un univers dans lequel le désordre décroît avec le temps. Je montrerai que de tels êtres devraient avoir une flèche psychologique du temps qui aille à rebours. C'est-à-dire qu'ils devraient se souvenir d'événements dans le futur et ne pas se souvenir d'événements dans le passé. Une fois la tasse brisée, ils devraient se souvenir d'elle sur la table, mais lorsque la tasse est sur la table, ils ne devraient pas se souvenir d'elle sur le plancher.

Il est très difficile de parler de la mémoire humaine parce que nous ne savons pas en détail comment le cerveau travaille. En revanche, nous savons effectivement tout sur la façon dont les mémoires d'ordinateur fonctionnent. Je parlerai donc de la flèche psychologique du temps des ordinateurs. Je pense qu'on peut assurer que la flèche des ordinateurs est la même que celle des humains. Si ce n'était pas le cas, on pourrait faire un coup en bourse en ayant en sa possession un ordinateur qui se souviendrait des cours du lendemain!

Une mémoire d'ordinateur est, fondamentalement, un appareil contenant des éléments qui peuvent exister dans deux configurations au choix. Un exemple simple est celui d'un boulier. Dans sa forme la plus simple, cela consiste en un certain nombre de fils; sur chacun d'eux, une perle peut être mise dans une position ou dans l'autre. Avant qu'un ordre soit enregistré dans la mémoire d'un ordinateur, la mémoire est dans un état désordonné, avec autant de probabilités pour l'un ou l'autre état. (Les perles sont distribuées au hasard sur les fils du boulier.) Après que la mémoire aura interagi avec le système à mémoriser, elle sera définitivement dans une configuration ou dans une autre, selon l'état du système. (Chaque perle du boulier pourra être à droite ou à gauche du fil.) Ainsi la mémoire est-elle passée d'un état désordonné à un état ordonné. Cependant, pour être sûr que la mémoire est dans le bon état, il est nécessaire d'utiliser une certaine quantité d'énergie (pour mouvoir les perles ou pour faire fonctionner l'ordinateur, par exemple). Cette énergie est dissipée sous forme de chaleur et accroît la quantité de désordre dans l'univers. On peut montrer que cet accroissement du désordre est toujours supérieur à l'accroissement de l'ordre de la mémoire elle-même. Ainsi, la chaleur évacuée par le ventilateur de refroidissement de l'ordinateur signifie que, quand un ordinateur enregistre un ordre dans sa mémoire, le montant total du désordre dans l'univers augmentera encore. La direction du temps dans laquelle l'ordinateur se souvient du passé est la même que celle dans laquelle le désordre croît.

Notre sens subjectif de la direction du temps, la

flèche psychologique du temps, est donc déterminé à l'intérieur de notre cerveau par la flèche thermodynamique du temps. Exactement comme pour un ordinateur, nous pourrons nous souvenir de choses dans un ordre qui verra l'entropie croître. Cela rend très trivial le second principe de la Thermodynamique. Le désordre croît avec le temps parce que nous mesurons le temps dans la direction où le désordre s'accroît. Vous ne pouvez rêver meilleur pari!

Mais pourquoi la flèche thermodynamique du temps existerait-elle? Ou, en d'autres termes, pourquoi l'univers devrait-il être dans un état d'ordre élevé à un bout du temps, bout que nous nommons le passé? Pourquoi n'est-il pas constamment dans un état de désordre? Après tout, cela semblerait plus probable. Et pourquoi la direction du temps dans laquelle le désordre s'accroît est-elle la même que celle dans laquelle l'univers se dilate?

Dans la théorie classique de la Relativité Générale, on ne peut pas prédire comment l'univers aurait commencé parce que toutes les lois de la physique connues se détruisent à la singularité de type Big Bang. L'univers aurait dû commencer dans un état très lisse et très ordonné. Cela aurait conduit à des flèches thermodynamique et cosmologique du temps bien définies, comme nous pouvons l'observer. Mais il aurait pu tout aussi bien commencer dans un état grumeleux et bosselé. Dans ce cas, l'univers aurait déjà été dans un état de complet désordre; aussi le désordre n'aurait pas pu croître avec le temps. Il serait resté constant, auquel cas il n'y aurait pas de flèche thermodynamique du temps bien définie; ou il aurait décru, auquel cas la flèche thermodynamique du temps aurait pointé en direction opposée à la flèche cosmologique. Aucune de ces possibilités ne colle à ce que nous observons. Cependant, comme nous l'avons vu, la Relativité Générale classique pré-

dit sa propre ruine. Quand la courbure de l'espace-
temps devient plus grande, les effets gravitationnels
quantiques deviennent plus importants et la théorie
classique cesse d'être une bonne description de l'univers. On doit utiliser la théorie quantique de la gravitation pour comprendre comment l'univers a
commencé.

Dans une telle théorie, comme nous l'avons vu au
chapitre précédent, pour préciser l'état de l'univers,
nous avons encore à préciser comment les trajectoires
possibles de l'univers se comporteraient à la frontière
de l'espace-temps dans le passé. On ne pourra éviter
cette difficulté, qui consiste à décrire ce que nous ne
savons pas et ce que nous ne pouvons pas savoir, que
si les trajectoires satisfont la condition « pas de
bord » : elles sont finies en expansion mais n'ont pas
de frontières, de bord ou de singularités. Dans ce cas,
le commencement du temps serait un point régulier
et lisse de l'espace-temps et l'univers devrait avoir
commencé son expansion dans un état très lisse et
ordonné. Il n'aurait pas pu être complètement uniforme parce que cela aurait violé le principe d'incertitude de la théorie quantique. Il a dû y avoir de
petites fluctuations dans la densité et les vitesses des
particules. La condition « pas de bord » cependant
implique que ces fluctuations soient aussi petites que
le principe d'incertitude le permet.

L'univers aurait commencé avec une période
d'expansion exponentielle, ou inflationnaire, dans
laquelle il aurait accru sa taille d'un très grand fac-
teur. Durant son expansion, les fluctuations de densité seraient restées petites au début puis auraient
commencé à s'accentuer. Les régions dans lesquelles
la densité était un petit peu plus élevée que la
moyenne auraient vu leur expansion ralentie par
l'attraction gravitationnelle de la masse supplémentaire. Finalement, de telles régions auraient

arrêté de se dilater et se seraient effondrées pour former des galaxies, des étoiles et des êtres tels que nous. L'univers aurait pu commencer dans un état lisse et ordonné, et aurait pu devenir grumeleux et désordonné au fur et à mesure que le temps passait. Cela expliquerait l'existence de la flèche thermodynamique du temps.

Mais que serait-il arrivé au cas où l'univers aurait arrêté de se dilater et aurait commencé à se contracter? La flèche thermodynamique se serait-elle inversée et le désordre aurait-il commencé à décroître avec le temps? Cela mènerait à toutes sortes de possibilités fort romanesques pour ceux qui auraient survécu de l'expansion à la phase de contraction. Verraient-ils les tasses brisées se rassembler sur le plancher et remonter d'un bond sur la table? Seraient-ils capables de se souvenir des prix de demain et de faire des fortunes sur le marché boursier? Il peut sembler quelque peu académique de s'inquiéter à propos de ce qui pourrait arriver lorsque l'univers se contractera de nouveau, alors qu'il n'a pas commencé à se contracter depuis dix milliards d'années. Mais il y a un moyen plus rapide de se le figurer : plonger dans un trou noir. L'effondrement d'une étoile pour former un trou noir ressemble assez aux derniers stades de l'effondrement de l'univers tout entier. Aussi, si le désordre devait décroître dans la phase de contraction de l'univers, on pourrait s'attendre à ce qu'il décroisse aussi à l'intérieur du trou noir. Un astronaute tombé dans un trou noir serait peut-être capable de gagner à la roulette en se souvenant où la bille ira tomber avant de miser. (Malheureusement, cependant, il n'aurait pas beaucoup de temps pour jouer avant de devenir spaghetti. Pas plus qu'il ne serait capable de nous faire savoir quelque chose sur l'inversion de la flèche du temps, ni de placer ses gains, parce qu'il serait piégé par l'horizon du trou noir.)

D'abord, j'ai cru que le désordre décroîtrait quand l'univers se réeffondrerait. C'était parce que je pensais que l'univers devait retourner à un état lisse et ordonné quand il serait à nouveau petit. Cela aurait signifié que la phase de contraction aurait été comme le temps inversé de la phase d'expansion. Les gens, dans la phase de contraction, vivraient leur vie à l'envers : ils mourraient avant d'être nés et seraient plus jeunes au fur et à mesure que l'univers se contracterait.

Cette notion est séduisante car elle implique une belle symétrie entre expansion et contraction. Cependant, on ne peut l'adopter comme cela, indépendamment des autres notions concernant l'univers. Est-elle concernée par la condition « pas de bord », ou n'est-elle pas compatible avec cette condition? Comme je l'ai dit, je pensai d'abord que cette condition impliquait réellement que le désordre devait décroître dans la phase de contraction. J'étais induit en erreur en partie par l'analogie avec la surface de la Terre. Si l'on prend le commencement de l'univers et qu'on le place au pôle Nord, alors, la fin de l'univers serait semblable à son début, comme le pôle Sud est semblable au pôle Nord. Cependant, les pôles Nord et Sud correspondent au début et à la fin de l'univers dans un temps imaginaire. Le début et la fin en temps réel peuvent être très différents l'un de l'autre. J'étais aussi trompé par un travail que j'avais mené auparavant sur un modèle simple d'univers, dans lequel la phase d'effondrement ressemblait au temps inversé de la phase d'expansion. Cependant, mon collègue Don Page, de la Penn State University, remarqua que la condition « pas de bord » ne réclamait pas de phase de contraction qui fût le temps inversé de la phase d'expansion. Puis, un de mes étudiants, Raymond Laflamme, trouva que, dans un modèle un peu plus compliqué, l'effondrement de l'univers serait très différent de son expansion. Je réalisai que je m'étais fourvoyé : la condition « pas de bord » impliquait que le désordre continuerait en fait à s'accroître durant la contraction. Les flèches thermodynamique et psychologique du temps ne s'inverseraient pas au moment où l'univers se mettrait à se contracter ou à l'intérieur des trous noirs.

Que feriez-vous si vous vous aperceviez que vous aviez commis une telle bévue? Certains n'admettraient jamais qu'ils ont eu tort et continueraient à trouver de nouveaux arguments, souvent mutuellement incompatibles, pour conforter leur cas – comme Eddington le fit en s'opposant aux trous noirs. D'autres affirmeraient d'abord n'avoir jamais réellement défendu ce point de vue incorrect, ou bien, s'ils l'avaient fait, que ce n'était que dans l'intention de montrer qu'il était inconsistant. Il me semble mieux et moins honteux d'admettre par écrit que vous vous êtes trompé. Einstein fut encore un bon exemple, lui qui estima un jour que la constante cosmologique qu'il avait introduite lorsqu'il essayait de faire un modèle statique d'univers fut la plus grande erreur de sa vie.

Pour en revenir à la flèche du temps, la question demeure : pourquoi observons-nous que les flèches thermodynamique et cosmologique pointent dans la même direction? Ou, en d'autres termes, pourquoi le désordre croît-il dans la même direction du temps que celle dans laquelle l'univers se dilate? Si l'on pense que l'univers se dilate avant de se recontracter, comme la proposition « pas de bord » semble l'impliquer, cela revient à se demander pourquoi nous serions dans une phase d'expansion plutôt que dans une phase de contraction?

On peut répondre à cela sur la base du principe anthropique faible. Les conditions dans une phase de contraction ne seraient pas adaptées à l'existence

d'êtres intelligents qui pourraient poser la question :
pourquoi le désordre s'accroît-il dans la même direction du temps que celle dans laquelle l'univers se
dilate? L'inflation dans les stades primitifs de l'univers, que la condition « pas de bord » prédit, signifie
que l'univers doit se dilater à un taux très proche du
taux critique auquel il éviterait tout juste de s'effondrer, aussi ne se recontracterait-il pas pendant un très
long moment. A ce moment-là, toutes les étoiles
seraient consumées et les protons et les neutrons en
leur cœur seraient probablement devenus particules
de lumière et rayonnement. L'univers serait dans un
état de complet désordre. Il ne pourrait y avoir de
flèche thermodynamique du temps forte. Le désordre
ne pourrait s'accroître beaucoup plus parce que l'univers serait déjà en état de complet désordre. Cependant, une flèche thermodynamique forte est nécessaire pour que la vie intelligente puisse agir. Pour
survivre, les êtres humains doivent consommer de la
nourriture qui est une forme ordonnée d'énergie et la
convertir en chaleur qui est une forme désordonnée
d'énergie. Aussi, la vie intelligente ne pourrait-elle
exister dans une phase de contraction de l'univers.
Cela explique pourquoi nous observons des flèches
thermodynamique et cosmologique dans la même
direction. Ce n'est pas que l'expansion de l'univers
soit une cause d'accroissement de désordre. C'est plutôt que la condition « pas de bord » cause un accroissement de désordre et des conditions *ad hoc* pour la
vie intelligente en phase d'expansion.

Pour résumer, les lois de la physique ne font pas de
distinction entre les directions future et passée du
temps. Cependant, il y a au moins trois flèches de
temps qui distinguent effectivement le passé du
futur. Ce sont les flèches thermodynamique, direction du temps qui accroît le désordre; psychologique,
direction du temps dans laquelle nous nous souvenons

du passé et non pas du futur; et cosmologique, direction du temps dans laquelle l'univers se dilate au lieu de se contracter. J'ai montré que la flèche psychologique est fondamentalement la même que la flèche thermodynamique et, donc, que les deux devraient toujours pointer dans la même direction. La proposition « pas de bord » pour l'univers prédit l'existence d'une flèche du temps thermodynamique bien définie parce que l'univers doit commencer dans un état lisse et ordonné. Et la raison pour laquelle nous observons que cette flèche thermodynamique colle à la flèche cosmologique, c'est que les êtres intelligents ne peuvent exister que dans une phase d'expansion. Une phase de contraction ne sera pas adaptée parce qu'elle n'aura pas de flèche thermodynamique du temps assez déterminante.

Le progrès de la race humaine dans la compréhension de l'univers a établi un petit coin d'ordre dans le désordre croissant de l'univers. Si vous vous rappelez chaque mot de ce livre, votre mémoire aura enregistré deux millions d'unités d'informations : l'ordre dans votre cerveau se sera accru d'environ deux millions d'unités. Cependant, pendant que vous étiez en train de lire ce livre, vous avez converti au moins mille calories d'énergie ordonnée, sous forme de nourriture, en énergie désordonnée sous forme de chaleur que vous avez perdue dans l'air environnant par convection et transpiration. Cela va accroître le désordre de l'univers d'environ vingt millions de milliards de milliards d'unités – ou d'environ dix milliards de milliards de fois l'accroissement de l'ordre dans votre cerveau – et cela si vous vous souvenez de *tout* le contenu de ce livre. Dans le chapitre suivant, je tenterai d'apporter plus d'ordre dans notre tête de bois en expliquant pourquoi les gens essaient de rassembler les théories partielles que j'ai décrites pour former une théorie complètement unifiée qui engloberait tout dans l'univers.

10

L'UNIFICATION DE LA PHYSIQUE

Comme je l'ai expliqué dans le premier chapitre, il serait très difficile de construire une théorie complètement unifiée valable pour tout dans l'univers. Mais à la place, nous avons fait des progrès en trouvant des théories partielles qui décrivent un enchaînement limité d'événements en négligeant d'autres effets ou en les approchant par certains nombres. (La chimie, par exemple, nous permet de calculer les interactions entre atomes sans rien connaître de la structure interne du noyau d'un atome.) En fin de compte, cependant, on peut espérer trouver une théorie complète, logique et unifiée, qui inclurait toutes ces théories partielles en tant qu'approximations et qu'il ne serait pas nécessaire d'adapter pour encadrer les faits en choisissant les valeurs de certains nombres arbitraires dans la théorie. La quête d'une telle théorie est connue aujourd'hui sous la dénomination d'« unification de la physique ». Einstein a passé sans succès le plus clair de ses dernières années à la recherche d'une théorie unifiée mais l'heure de celle-ci n'avait pas encore sonné : il y avait des théories partielles pour la gravitation et pour la force électromagnétique mais on ne savait que peu de chose sur les forces nucléaires. De plus, Einstein refusait de croire à la réalité de la mécanique quantique, en dépit du rôle important qu'il avait joué dans son développement. Cependant, le principe d'incertitude est une caractéristique fondamentale de l'univers dans lequel nous vivons. Une théorie unifiée valable doit nécessairement en tenir compte.

Comme je le décrirai par la suite, les perspectives de trouver une telle théorie semblent être bien meilleures aujourd'hui parce que nous en savons beaucoup plus sur l'univers. Mais nous devons nous garder de toute présomption – nous avons connu d'autres espoirs fallacieux auparavant! Au début de ce siècle, par exemple, on pensait que tout pourrait être expliqué en termes de propriétés de la matière continue, comme l'élasticité ou la conduction calorifique. La découverte de la structure atomique et le principe d'incertitude mirent un point final à tout cela. Puis, en 1928, le prix Nobel de physique Max Born annonça à un groupe de visiteurs à l'université de Göttingen que « la physique, comme on le sait, sera terminée dans six mois ». Sa confiance se fondait sur la découverte récente faite par Dirac de l'équation qui gouvernait l'électron. On pensait qu'une équation similaire pourrait gouverner le proton, seule particule connue à l'époque, et que ce serait la fin de la physique théorique. La découverte du neutron et des forces nucléaires rabattit à nouveau cette belle confiance. Ayant dit cela, je crois encore qu'il y a quand même des bases d'optimisme prudent qui nous permettent d'espérer la fin prochaine de la quête des lois ultimes de la nature.

Dans les chapitres précédents, j'ai décrit la Relativité Générale, théorie partielle de la gravitation, et les théories partielles qui commandent aux forces électromagnétique, forte et faible. Les trois dernières peuvent être combinées dans ce que l'on appelle les théories de la grande unification, ou GUT, qui ne sont pas vraiment satisfaisantes parce qu'elles n'incluent pas la gravitation et parce qu'elles contiennent un certain nombre de quantités, comme les masses relatives de différentes particules, qui ne peuvent être prédites par la théorie mais qui doivent être choisies pour cadrer avec les observations. La principale difficulté pour trouver une théorie qui unifie la gravitation avec les autres forces est que la Relativité Générale est une théorie « classique », c'est-à-dire qu'elle ne contient pas le principe d'incertitude de la mécanique quantique. Par ailleurs, les théories partielles dépendent essentiellement de la mécanique quantique. Un premier pas nécessaire sera donc de combiner la Relativité Générale avec le principe d'incertitude. Comme nous l'avons vu, cela peut amener de remarquables conséquences, telles que les trous noirs qui ne sont pas noirs, ou l'univers sans singularité et sans bord. L'ennui c'est que, comme nous l'avons expliqué au chapitre 7, le principe d'incertitude signifie que même « vide », l'espace est rempli de paires de particules virtuelles et d'anti-particules. Ces paires devraient avoir une quantité infinie d'énergie et donc, par la célèbre équation d'Einstein $E = mc^2$, elles devraient avoir une masse infinie. Leur attraction gravitationnelle devrait alors courber l'univers jusqu'à une dimension infiniment petite.

Dans le même genre, des infinis absurdes à première vue interviennent dans les autres théories partielles, mais dans tous les cas ces infinis peuvent être annulés par un procédé appelé « renormalisation ». Bien que cette technique soit relativement douteuse sur le plan mathématique, elle semble marcher en pratique et elle a été appliquée à ces théories pour faire des prédictions qui collent aux observations avec un extraordinaire degré de précision. La renormalisation, cependant, a un sérieux inconvénient du point de vue de la recherche d'une théorie complète, parce que cela signifie que les valeurs réelles des masses et les intensités des forces ne peuvent être prédites par la théorie mais doivent être choisies de manière à coller aux observations.

En essayant d'incorporer le principe d'incertitude dans la Relativité Générale, on n'a que deux quantités à ajuster : l'intensité de la gravité et la valeur de la constante cosmologique. Mais les ajuster n'est pas suffisant pour ôter tous les infinis. On a donc une théorie qui semble prédire que certaines quantités, comme la courbure de l'espace-temps, sont réellement infinies, alors que ces mêmes quantités peuvent être observées et mesurées comme parfaitement finies! Ce problème de combinaison de la Relativité Générale et du principe d'incertitude a été suspecté pendant un certain temps mais a finalement été confirmé par des calculs détaillés en 1972. Quatre ans plus tard, une solution possible, appelée « super-gravité », a été proposée. Cette notion combinait une particule de spin 2 appelée graviton, qui sert de support à la force gravitationnelle, avec certaines autres nouvelles particules de spin 3/2, 1, 1/2 et 0. En un sens, toutes ces particules pouvaient être considérées comme des aspects différents de la même « super-particule », donc unifiant les particules de matière de spin 1/2 et 3/2 avec les particules supports-de-force de spin 0,1 et 2. Les paires virtuelles de particules/anti-particules de spin 1/2 et 3/2 auraient une énergie négative et donc tendraient à annuler l'énergie positive des paires virtuelles de spin 2,1 et 0. Cela serait la cause de beaucoup d'infinis possibles à annuler, mais on pensait que quelques infinis subsisteraient toujours. Cependant, les calculs qui permettraient de savoir s'il resterait des infinis ou non étaient si longs et si difficiles que per-

sonne n'était prêt à s'y engager. Même avec un ordinateur, on a calculé que cela prendrait au moins
quatre ans et que les occasions seraient très grandes
que l'on commette au moins une faute, si ce n'est
plus. Et l'on sait que l'on n'aura la bonne réponse que
si quelqu'un d'autre refait les calculs et arrive au
même résultat, mais il n'y a pas grande chance que
cela arrive!

En dépit de ces problèmes, et du fait que les particules dans les théories de supergravité ne semblaient
pas se comporter comme les particules observées, la
plupart des scientifiques pensaient que la super-
gravité était probablement la bonne réponse au problème de l'unification de la physique. Cela semblerait être le meilleur moyen d'unifier gravité et autres
forces. Cependant, en 1984, il y eut un remarquable
mouvement d'opinion en faveur de ce que l'on a
appelé les « théories des cordes ». Dans ces théories,
les objets de base ne sont pas des particules qui
occupent un seul point dans l'espace, mais des entités
qui ont une longueur mais pas d'autres dimensions,
comme un morceau de corde infiniment mince. Ces
cordes peuvent avoir des bouts (ce sont les cordes
ouvertes) ou elles peuvent se refermer sur elles-
mêmes en boucles fermées (cordes fermées) (fig. 10.1
et fig. 10.2). Une particule occupe un point de
l'espace à chaque instant du temps; aussi son chemin
dans l'espace-temps est-il une ligne (sa « ligne d'univers »). Une corde, au contraire, occupe à chaque instant une ligne dans l'espace. Aussi sa trace dans
l'espace-temps est-elle une surface bidimensionnelle
appelée « feuille d'univers ». (Chaque point d'une
telle feuille d'univers peut être décrit par deux
nombres : l'un spécifiant le temps, et l'autre, la position du point sur la corde). La feuille d'univers d'une
corde ouverte est une bande; ses bords représentent
les trajectoires dans l'espace-temps des bouts de la

corde (fig. 10.1). La feuille d'univers d'une corde fermée est un cylindre ou un tube (fig. 10.2); une section du tube est un cercle, représentant la position d'une corde à un instant donné.

Deux morceaux de cordes peuvent s'ajouter pour former une seule corde; dans le cas de cordes ouvertes, elles se joignent simplement à leurs bouts (fig. 10.3), alors que dans le cas de cordes fermées, c'est comme les deux jambes d'un pantalon (fig. 10.4). De même, un morceau de corde peut se diviser en deux cordes.

Dans les théories des cordes, ce que l'on pensait auparavant en termes de particules est maintenant représenté comme des ondes voyageant le long d'une corde, comme les ondes d'une corde de cerf-volant en vibration. L'émission ou l'absorption d'une particule par une autre correspond à la division ou à la jonction de cordes. Par exemple, la force gravitationnelle du Soleil sur la Terre est représentée, en théorie des particules, par l'émission d'un graviton par le Soleil et son absorption par une particule de la Terre (fig. 10.5). Dans la théorie des cordes, ce procédé correspond à un tube en forme de H (fig. 10.6) (la théorie des cordes est un peu comme de la plomberie, en quelque sorte). Les deux jambes du H correspondent aux particules du Soleil et de la Terre et la barre horizontale correspond au graviton qui voyage entre eux.

La théorie des cordes a une curieuse histoire. Elle fut inventée à la fin des années soixante dans l'intention de trouver une théorie qui décrive l'interaction forte. L'idée était que les particules comme le proton et le neutron pourraient être comparées à des ondes sur une corde. Les interactions fortes entre les particules correspondraient aux morceaux de corde qui joignent d'autres bouts de corde comme sur une toile d'araignée. Pour que cette théorie donne la valeur observée de l'interaction forte entre les particules, les cordes devaient être comme des élastiques supportant des tractions d'environ dix tonnes.

En 1974, Joël Scherk à Paris et John Schwarz au California Institute of Technology publièrent un article dans lequel ils montraient que la théorie des cordes décrivait la force gravitationnelle, mais seulement si la tension dans la corde était beaucoup plus grande, d'environ mille milliards de milliards de milliards de milliards de tonnes (un 1 avec 39 zéros derrière). Les prédictions de la théorie des cordes seraient exactement les mêmes que celles de la Relativité Générale, à des échelles de longueur normales, mais elles seraient différentes à de très petites distances, de moins d'un millionième de milliardième de milliardième de milliardième de centimètre (un centimètre divisé par 1 avec 33 zéros derrière). Leur travail ne fut pas très remarqué, cependant, parce que juste à ce moment, la plupart des gens abandonnèrent la théorie originale des cordes sur l'interaction forte en faveur d'une théorie basée sur les quarks et les gluons, qui semblait mieux correspondre aux observations. Sherk mourut dans de tragiques circonstances (il souffrait de diabète et entra dans le coma alors que personne ne se trouvait à proximité pour lui faire une injection d'insuline.) Aussi Schwarz resta-t-il seul pour soutenir la théorie des cordes mais maintenant, avec une valeur de tension beaucoup plus élevée.

En 1984, l'intérêt pour les cordes se réveilla soudain, pour deux raisons apparemment. L'une d'elles était que les gens ne faisaient pas vraiment de progrès pour montrer que la supergravité était vraie ou qu'elle expliquait les sortes de particules que nous observons. L'autre, ce fut la publication d'un article signé John Schwarz et Mike Green, du Queen Mary College à Londres, qui montrait que la théorie des cordes devait être capable d'expliquer l'existence de particules orientées à gauche, comme certaines des particules que nous observons.

La théorie des cordes mène aussi à des infinis, mais l'on pense qu'ils seront annulés dans des versions comme celles des cordes dites « hétérotiques » (bien que cela ne soit pas encore certain). Les théories des cordes, cependant, rencontrent un gros problème : elles semblent n'être valables que si l'espace-temps a ou dix ou vingt-six dimensions au lieu de nos quatre habituelles! Bien sûr, les dimensions supplémentaires d'espace-temps sont choses courantes en science-fiction; même, elles sont presque une nécessité, alors qu'autrement le fait que la relativité implique qu'on ne peut voyager plus vite que la lumière signifie que cela demanderait trop de temps pour voyager entre les étoiles et les galaxies. L'idée de la science-fiction est que peut-être on pourrait prendre un raccourci par une autre dimension. On peut décrire cela de la façon suivante : imaginez que l'espace dans lequel nous vivons n'a que deux dimensions et est courbe comme la surface d'un anneau (fig. 10.7). Si vous êtes d'un côté du bord interne de l'anneau et que vous vouliez aller à un point de l'autre côté, vous devriez suivre le bord incurvé interne de l'anneau. Cependant, si vous pouvez voyager en trois dimensions, vous couperiez droit sur le point en face.

Pourquoi ne remarquons-nous pas toutes ces dimensions supplémentaires si elles existent réellement? Pourquoi n'en voyons-nous que trois d'espace et une de temps? On suppose que les autres dimensions sont courbes dans un espace de très petite taille, quelque chose comme le millième de milliardième de milliardième de milliardième de centimètre. C'est si petit que nous ne le remarquons tout simplement pas; nous voyons seulement une dimension de temps et trois dimensions d'espace, dans lesquelles l'espace-temps est assez plat. C'est comme la surface d'une orange : si vous la regardez de près, elle est toute courbe et ridée, mais si vous la regardez de plus loin, vous ne verrez pas les inégalités et elle semblera lisse. Il en est de même pour l'espace-temps : à très petite échelle, il est à dix dimensions et très courbé, mais à plus grande échelle, vous ne voyez pas sa courbure ou ses dimensions supplémentaires. Si cette représentation est correcte, elle annonce de mauvaises nouvelles pour ceux qui voudraient voyager dans l'espace : les dimensions supplémentaires seraient par trop petites pour autoriser un voyage à travers elles. Cependant, cela soulève un autre problème majeur. Pourquoi est-ce que quelques-unes seulement des dimensions, et non toutes, sont enroulées comme à l'intérieur d'une balle ? On présume que dans l'univers très primitif, toutes les dimensions ont été ainsi très courbes. Pourquoi est-ce qu'une dimension de temps et trois dimensions d'espace se sont-elles « ouvertes », alors que les autres restaient fortement enroulées sur elles-mêmes ?

Une réponse possible est le principe anthropique. Deux dimensions dans l'espace ne semblent pas suffisantes pour permettre le développement d'êtres complexes comme nous. Par exemple, des animaux à deux dimensions vivant sur une Terre à deux dimensions devraient grimper l'un sur l'autre pour se dépasser. Si une créature à deux dimensions mangeait quelque chose qu'elle ne peut pas digérer complètement, elle devrait rendre les restes par le même chemin par lequel elle les a ingérés parce que s'il y avait eu un passage à travers son corps, cela aurait divisé la créature en deux moitiés séparées (fig. 10.8). De même, il est difficile de voir comment pourrait exister une quelconque circulation sanguine dans une créature à deux dimensions.

Il devrait aussi y avoir des problèmes avec plus de

trois dimensions. La force gravitationnelle entre deux corps décroîtrait plus rapidement avec la distance qu'elle ne le fait en trois dimensions. (En trois dimensions, la force gravitationnelle tombe à 1/4 si l'on va deux fois plus loin. En quatre dimensions, elle décroîtrait jusqu'à 1/8, en cinq dimensions, à 1/16, etc.). La signification de cela est que l'orbite des planètes, comme la Terre, autour du Soleil serait instable : la moindre perturbation sur une orbite circulaire (comme celle qui serait causée par l'attraction gravitationnelle des autres planètes) amènerait la Terre à spiraler loin ou vers le Soleil. Ou nous gèlerions ou nous serions carbonisés. En fait, le même comportement de la gravité avec la distance dans plus de trois dimensions de l'espace signifie que le Soleil ne serait pas capable d'exister dans un état stable avec la pression contrebalançant la gravité. Ou il se désagrégerait, ou il s'effondrerait en trou noir. Dans tous les cas, il ne serait pas de grande utilité en tant que source de chaleur et de lumière pour la vie sur Terre. A plus petite échelle, les forces électriques, qui font que les électrons tournent autour du noyau dans un atome, se comporteraient de la même façon que les forces gravitationnelles. Ainsi, les électrons pourraient s'échapper de l'atome ou spiraler jusqu'au noyau. Dans l'un ou l'autre cas, nous n'aurions pas d'atomes.

Il semble clair, alors, que la vie, telle que nous la connaissons, ne peut exister que dans les régions de l'espace-temps dans lesquelles une dimension de temps et trois dimensions d'espace ne sont pas fortement enroulées sur elles-mêmes. Cela signifie que l'on peut faire appel au principe anthropique pourvu que l'on puisse montrer que la théorie des cordes permet au moins qu'il y ait là de telles régions de l'univers – et il semble qu'elle le fasse effectivement. Il peut très bien y avoir d'autres régions de l'univers, ou d'autres univers (quoi que *cela* signifie), dans lesquels toutes les dimensions sont fortement enroulées ou dans lesquels plus de quatre dimensions sont près d'être plates, mais il ne pourrait pas y avoir d'êtres intelligents dans de telles régions pour observer les nombres différents de dimensions effectives.

Sans rapport avec la question du nombre de dimensions que l'espace-temps semble avoir, la théorie des cordes rencontre encore d'autres problèmes qui doivent être résolus avant qu'on la déclare théorie ultime d'unification de la physique. Nous ne savons pas encore si tous les infinis s'annuleront les uns les autres, ou comment exactement relier les ondes aux cordes pour des types particuliers de particules que nous observons. Néanmoins, il y a une chance que les réponses à ces questions apparaissent dans les quelques prochaines années et qu'avant la fin du siècle, nous sachions si la théorie des cordes est vraiment la théorie unifiée de la physique si longtemps recherchée.

Mais peut-il y avoir réellement une telle théorie? Ou sommes-nous seulement en train de poursuivre un mirage? Il semble qu'il y ait trois possibilités :

1) Il y a effectivement une théorie complètement unifiée, que nous découvrirons un jour si nous nous montrons assez malins pour cela.

2) Il n'y a pas de théorie ultime de l'univers, juste une suite infinie de théories qui décrivent l'univers plus ou moins précisément.

3) Il n'y a pas de théorie de l'univers; les événements ne peuvent être prédits au-delà d'un certain point et arrivent au hasard et de manière arbitraire.

Certains soutiendront la troisième possibilité en se fondant sur le fait que s'il existait un ensemble complet de lois, cela enfreindrait la liberté de Dieu de changer d'avis et d'intervenir dans le monde. C'est un peu comme le vieux paradoxe : Dieu peut-il créer une pierre si lourde qu'il ne puisse la soulever? Mais cette idée que Dieu puisse vouloir changer d'avis est un exemple de sophisme, remarqué par saint Augustin, d'imaginer Dieu comme un être existant dans le temps : le temps est seulement une propriété de l'univers que Dieu a créé. Il est probable qu'il savait ce qu'il voulait faire lorsqu'il le créa!

Avec l'avènement de la mécanique quantique, nous sommes amenés à reconnaître que les événements ne peuvent être prédits avec une complète exactitude et qu'il y a toujours un degré d'incertitude. Si l'on veut, on peut décrire ce hasard de l'intervention de Dieu, mais ce serait une très étrange sorte d'intervention : il n'y a aucune preuve qu'elle obéisse à un dessein. Si c'était vraiment le cas, ce ne serait pas du hasard, par définition. A l'époque moderne, nous avons effectivement effacé la troisième possibilité énoncée ci-dessus en redéfinissant le but de la science : notre vœu est de formuler un ensemble de lois qui soient capables de prédire les événements seulement dans les limites du principe d'incertitude.

La seconde possibilité, celle qui évoque une série infinie de théories de plus en plus raffinées, est en accord avec notre expérience. En plusieurs occasions, nous avons accru la sensibilité de nos mesures ou conduit une nouvelle classe d'observations seulement pour découvrir de nouveaux phénomènes qui n'étaient pas prédits par la théorie existante, et pour prendre en compte ceux-ci, nous avons eu à développer une théorie plus avancée. Ce ne serait donc pas très surprenant que la génération actuelle de théories de la grande unification ait tort en affirmant que rien d'essentiel ne pourra plus arriver entre l'énergie d'unification électrofaible d'environ 100 GeV et l'énergie de grande unification d'environ un million de milliards de GeV. Nous devrions vraiment nous attendre à trouver plusieurs nouvelles couches de structures plus fondamentales que les quarks et les électrons que nous appelons actuellement particules « élémentaires ».

Cependant, il semble que la gravite puisse fournir une limite à cette séquence de « poupées russes ». Si l'on avait une particule avec une énergie supérieure à l'énergie de Planck, dix milliards de milliards de GeV (un 1 suivi de 19 zéros), sa masse serait si concentrée qu'elle se retrancherait elle-même du reste de l'univers et qu'elle formerait un trou noir. Donc il semble vraiment que la séquence de théories de plus en plus raffinées doive connaître quelque limite au fur et à mesure que nous augmentons les énergies et qu'il devrait y avoir une théorie ultime de l'univers. Bien sûr, l'énergie de Planck représente un long chemin à partir des énergies d'environ une centaine de GeV qui sont ce que l'on peut produire de mieux au laboratoire aujourd'hui. Nous ne comblerons pas cette lacune avec les accélérateurs de particules dans les années à venir! Les stades très primitifs de l'univers, cependant, sont une arène où de telles énergies ont pu se déployer. Je pense qu'il y a de bonnes chances pour que l'étude de l'univers primitif et les exigences de la logique mathématique nous amènent à une théorie complètement unifiée durant la vie de certains de ceux qui nous entourent aujourd'hui, à condition toutefois que nous n'explosions pas auparavant.

Qu'est-ce que cela signifierait si nous découvrions aujourd'hui la théorie ultime de l'univers? Comme nous l'avons expliqué dans le chapitre 1, nous ne pourrions pas être tout à fait sûrs d'avoir trouvé vraiment la théorie correcte, puisque les théories ne peuvent être prouvées. Mais si la théorie est valable mathématiquement et donne des prédictions qui collent toujours aux observations, nous pourrions

avoir raisonnablement confiance en elle. Cela mènerait à son terme un long et glorieux chapitre de l'histoire de la lutte intellectuelle de l'humanité pour
comprendre l'univers. Mais cela révolutionnerait également pour chacun la compréhension ordinaire des
lois qui gouvernent l'univers. A l'époque de Newton,
il était possible pour l'honnête homme d'avoir un
aperçu de l'ensemble du savoir humain, au moins
dans ses grandes lignes. Mais depuis lors, l'allure du
développement de la science a rendu cela impossible.
Parce que les théories sont toujours modifiées pour
tenir compte de nouvelles observations, elles ne sont
jamais réellement digérées ou simplifiées de telle
sorte que tout un chacun puisse les comprendre. Vous
devez être spécialiste pour y arriver; et encore, vous
ne pourrez qu'espérer avoir votre propre aperçu
d'une petite partie des théories scientifiques. Qui
plus est, le rythme des progrès est si élevé que ce que
vous aurez appris à l'école ou à l'université sera toujours un peu dépassé. Seules quelques personnes
peuvent se maintenir à la frontière toujours mouvante
du savoir, consacrer tout leur temps à cela et se spé-
cialiser dans une petite zone. Le reste de la population a une bien petite idée des progrès accomplis ou de
l'excitation qu'ils ont produite. Il y a soixante-dix ans,
si l'on en croit Eddington, deux personnes seulement
comprenaient la théorie de la Relativité Générale. De
nos jours, des dizaines de milliers de diplômés de
l'université l'apprennent et plusieurs millions de gens
sont plus ou moins familiarisés avec cette notion. Si
une théorie complètement unifiée est découverte, ce
ne sera qu'une question de temps avant qu'elle soit
digérée, simplifiée et enseignée, au moins dans ses
grandes lignes. Nous serions alors tous capables
d'avoir quelque compréhension des lois qui gouvernent l'univers et qui sont responsables de notre
existence.

Même si nous découvrons une théorie complètement unifiée, cela ne signifierait pas que nous serions capables de prédire les événements en général, cela pour deux raisons. La première, c'est la limitation que le principe d'incertitude de la mécanique quantique confère à nos pouvoirs de prédiction. Dans la pratique, cependant, cette première limitation est moins restrictive que la seconde. Cela vient du fait que nous ne pouvons résoudre les équations de la théorie exactement, sauf dans des situations très simples. (Nous ne pouvons même pas résoudre exactement le mouvement de trois corps dans la théorie newtonienne de la gravitation, et la difficulté croît avec le nombre de corps et la complexité de la théorie.) Nous connaissons déjà les lois qui gouvernent le comportement de la matière dans les conditions presque les plus extrêmes. En particulier, nous connaissons les lois fondamentales qui sous-tendent toute la chimie et la biologie. Mais nous n'avons certainement pas réduit ces sujets au statut de problèmes résolus; nous avons, comme toujours, peu de succès lorsque nous prédisons le comportement humain à partir d'équations mathématiques! Aussi, même si nous trouvons un ensemble de lois fondamentales, il y aura toujours dans les années qui suivront un souci intellectuel de développer de meilleures méthodes d'approximation de telle sorte que nous puissions faire de meilleures prédictions concernant les conséquences probables des situations complexes et réelles. Une théorie complète, logique et unifiée n'est que le premier pas : notre but est une complète *compréhension* des événements autour de nous et de notre propre existence.

Conclusion

Nous nous trouvons dans un monde déroutant.
Nous voulons donner un sens à ce que nous voyons
autour de nous et poser les questions : quelle est la
nature de l'univers? Quelle est notre place dans l'univers et d'où venons-nous, lui et nous? Pourquoi est-il
ce qu'il est?

Pour essayer de répondre à ces questions, nous
adoptons quelques « représentations du monde ».
Exactement comme une tour sans fin de tortues supportant la terre plate est une de ces représentations,
la théorie des super-cordes en est une autre. Les deux
sont des théories de l'univers, bien que la dernière
soit plus mathématique et plus précise que la précédente. Ces deux théories manquent de preuves
observationnelles : personne n'a jamais vu une tortue
géante avec la Terre sur son dos, mais personne n'a
vu non plus de super-corde. Cependant, la théorie de
la tortue échoue à être une bonne théorie scientifique
parce qu'elle prédit que les gens devraient être
capables de tomber du bord du monde. Cela n'est pas
en accord avec l'expérience, bien que cela puisse
apparaître comme l'explication des prétendues disparitions dans le Triangle des Bermudes!

Les premières tentatives de description et d'explication de l'univers ont fait intervenir l'idée que les

événements et les phénomènes naturels étaient contrôlés par des esprits doués de sentiments humains qui réagissaient de façon très humaine et imprévisible. Ces esprits habitaient des objets naturels, comme les rivières et les montagnes, y compris les corps célestes comme le Soleil et la Lune. Il fallait leur plaire et leurs faveurs étaient recherchées pour assurer la fertilité de la terre nourricière et la succession des saisons. Petit à petit, cependant, on dut noter qu'il y avait une certaine régularité : le Soleil se levait toujours à l'est et se couchait à l'ouest, qu'un sacrifice ait été offert ou non au dieu du Soleil. De plus, le Soleil, la Lune et les planètes suivaient des trajectoires dans le ciel qui pouvaient être prédites avec une précision remarquable. Le Soleil et la Lune restaient encore des dieux, mais c'étaient des dieux qui obéissaient à des lois strictes, apparemment sans aucune exception, si l'on écarte les histoires comme celles de Josué arrêtant la course solaire.

Au début, ces régularités et ces lois ne furent générales que pour l'astronomie et un petit nombre d'autres situations. Cependant, au fur et à mesure que la civilisation se développait, et particulièrement au cours des trois cents dernières années, de plus en plus de régularités et de lois furent découvertes. Le succès de ces lois amena Laplace, au début du XIXe siècle à postuler le déterminisme scientifique : il suggéra qu'il devait exister un ensemble de lois déterminant l'évolution de l'univers avec précision, une fois sa configuration donnée à un certain moment.

Le déterminisme de Laplace était incomplet de deux façons. Il n'indiquait pas comment les lois devaient être choisies et il ne spécifiait pas la configuration initiale de l'univers. Cela était laissé à Dieu. Dieu choisissait comment l'univers avait commencé et à quelles lois il obéirait, mais Dieu n'intervenait pas dans l'univers une fois celui-ci enclenché. En fait,

Dieu était confiné dans les régions que le XIXᵉ siècle ne comprenait pas.

Nous savons maintenant que les espoirs de déterminisme de Laplace ne peuvent se réaliser, au moins dans le sens qu'il donnait à ce mot. Le principe d'incertitude de la mécanique quantique implique que certaines paires de quantités, comme la position et la vitesse d'une particule, ne peuvent être toutes deux prédites avec une complète exactitude.

La mécanique quantique s'occupe de cette situation *via* une classe de théories quantiques dans lesquelles les particules n'ont pas de positions ni de vitesses bien définies mais sont représentées par une onde. Ces théories quantiques sont déterministes au sens où elles donnent des lois pour l'évolution de l'onde dans le temps. Aussi, si l'on connaît l'onde à un moment, on peut la calculer à n'importe quel autre moment. L'imprévisible, l'élément de hasard n'intervient que lorsque nous essayons d'interpréter l'onde en termes de positions et de vitesses de particules. Mais peut-être est-ce notre erreur : peut-être n'y a-t-il ni position ni vitesse de particule, seulement des ondes. Il est normal que nous essayions de faire coïncider les ondes avec nos idées préconçues de positions et de vitesses. Les difficultés qui en résultent sont la cause de la non-prédictabilité apparente.

En fait, nous avons redéfini la tâche de la science comme la découverte de lois qui nous rendront capables de prédire les événements dans les limites posées par le principe d'incertitude. La question reste cependant : comment et pourquoi les lois et l'état initial de l'univers ont-ils été choisis?

Dans cet ouvrage, j'ai donné une importance particulière aux lois qui gouvernent la gravitation, parce que c'est elle qui modèle la structure à grande échelle de l'univers, même si c'est la plus faible des quatre catégories de forces. Les lois de la gravitation sont incompatibles avec le point de vue, encore en vigueur tout récemment, selon lequel l'univers ne change pas avec le temps : le fait qu'elle soit toujours attractive implique que l'univers doit être ou en expansion ou en contraction. Selon la théorie de la Relativité Générale, il a dû y avoir un état de densité infinie dans le passé, le Big Bang, qui a dû être le commencement effectif du temps. De même, si tout l'univers s'effondrait, il y aurait un autre état de densité infinie dans le futur, le Big Crunch, qui serait la fin des temps. Même si tout l'univers ne s'effondrait pas, il y aurait des singularités dans des régions localisées qui s'effondreraient pour former des trous noirs. Ces singularités seraient une fin du temps pour quiconque tomberait dans le trou noir. Au Big Bang et à toute autre singularité, toutes les lois seraient brisées de telle sorte que Dieu aurait encore eu une complète liberté pour choisir ce qui est arrivé et comment l'univers a commencé.

Quand nous combinons la Mécanique Quantique et la Relativité Générale, il semble qu'une nouvelle possibilité apparaisse à l'horizon : que l'espace et le temps forment ensemble un espace fini, à quatre dimensions, sans singularité et sans bord, comme la surface de la Terre mais avec plus de dimensions. Il semble que cette idée puisse expliquer nombre de caractéristiques de l'univers, comme son uniformité à grande échelle et aussi les déviations d'homogénéité à petite échelle, comme les galaxies, les étoiles, ainsi que les êtres humains. Cela pourrait même être pris en compte pour la flèche du temps que nous observons. Mais si l'univers n'a ni singularité ni bord et est complètement décrit par une théorie unifiée, cela a de profondes conséquences sur le rôle de Dieu en tant que créateur.

Einstein a une fois posé la question suivante · « Quel choix avait Dieu pour construire l'univers ? »

Si la proposition « pas de bord » est juste, il n'avait aucune liberté pour choisir les conditions initiales. Bien sûr, il aurait pu encore avoir eu la liberté de choisir les lois auxquelles l'univers obéit. Cependant, cela ne représente pas un large éventail de possibilités; il peut très bien y avoir une, ou un petit nombre de théories complètement unifiées, comme la théorie de la corde hétérotique, qui soient cohérentes et qui permettent l'existence de structures aussi complexes que les êtres humains capables de rechercher les lois de l'univers et de se poser des questions à propos de la nature de Dieu.

Même s'il n'y a qu'une théorie unifiée possible, ce ne sera qu'un ensemble de règles et d'équations. Qu'est-ce qui insuffle le feu dans ces équations et produit un univers qu'elles pourront décrire? L'attitude habituelle de la science – construire un modèle mathématique – ne peut pas répondre à ces questions. Pourquoi l'univers surmonte-t-il sa difficulté d'être? La théorie unifiée est-elle si contraignante qu'elle assure sa propre existence? Ou a-t-elle besoin d'un créateur, et si oui, celui-ci a-t-il d'autres effets sur l'univers? Et qui l'a créé, lui?

Il y a peu, la plupart des scientifiques étaient trop occupés par le développement des théories qui décrivaient *ce qu'est* l'univers pour se poser la question *pourquoi*. D'autre part, les gens dont c'est le métier de poser la question *pourquoi*, les philosophes, n'ont pas été capables de se maintenir dans le courant avancé des théories scientifiques. Au xviiiᵉ siècle, les philosophes considéraient que l'ensemble du savoir humain, y compris la science, était de leur ressort et discutaient de questions telles que : l'univers a-t-il eu un commencement? Cependant, aux xixᵉ et xxᵉ siècles, la science est devenue trop technique et mathématique pour les philosophes, ainsi que pour quiconque sauf pour quelques spécialistes. Les philosophes réduisirent tant l'étendue de leurs intérêts que Wittgenstein, le plus grand philosophe de notre siècle, a pu dire que « le seul goût qui reste au philosophe c'est l'analyse de la langue ». Quelle déchéance depuis la grande tradition philosophique, d'Aristote à Kant[1]

Cependant, si nous découvrons une théorie complète, elle devrait un jour être compréhensible dans ses grandes lignes par tout le monde, et non par une poignée de scientifiques. Alors, nous tous, philosophes, scientifiques et même gens de la rue, serons capables de prendre part à la discussion sur la question de savoir pourquoi l'univers et nous existons. Si nous trouvons la réponse à cette question, ce sera le triomphe ultime de la raison humaine – à ce moment, nous connaîtrons la pensée de Dieu.

Albert Einstein

Les rapports d'Einstein avec la politique relative à
la bombe atomique sont bien connus : il a signé la
célèbre lettre au président Franklin Roosevelt qui
persuada les États-Unis de s'engager à fond dans
cette voie, puis il a milité durant les efforts d'après-
guerre pour prévenir toute guerre nucléaire. Ce
n'était pas seulement l'action isolée d'un savant égaré
dans le monde de la politique. Sa vie fut en fait, pour
reprendre ses propres mots, « partagée entre la politique et les équations ».

Son premier geste politique intervint durant la Première Guerre mondiale, lorsqu'il enseignait à Berlin.
Écœuré par le gaspillage en vies humaines, il manifesta contre la guerre. Son plaidoyer en faveur d'une
désobéissance civile et son encouragement à refuser
la conscription firent peu pour le rapprocher de ses
collègues. Puis, au lendemain de la guerre, Einstein
concentra ses efforts sur la réconciliation et l'amélio-
ration des relations internationales. Cela ne le rendit
pas plus populaire et bientôt cette attitude lui ôta
toute possibilité de visite aux États-Unis, même pour
y donner des cours.

La seconde grande cause qu'il défendit fut
celle du sionisme. Bien qu'il fût d'origine juive, Einstein rejetait l'idée du Dieu biblique. Mais la prise de

conscience de l'antisémitisme, à la fois pendant et après la Première Guerre mondiale, l'amena peu à peu à s'identifier à la communauté et plus tard à devenir un franc partisan du sionisme. Une fois de plus, le fait que cela ne soit pas populaire ne l'empêcha pas de dire ce qu'il pensait. Ses théories furent attaquées; une organisation anti-Einstein fut même mise sur pied. Un homme fut reconnu coupable d'avoir incité les autres à l'assassiner (et fut condamné à payer six petits dollars). Mais Einstein était flegmatique : lorsqu'un livre fut publié sous le titre *Cent auteurs contre Einstein*, il s'écria : « Si j'avais eu tort, alors, un seul aurait suffi ! »

Lorsque, en 1933, Hitler arriva au pouvoir, Einstein, alors en Amérique, déclara qu'il ne retournerait plus en Allemagne. Puis, lorsque la milice nazie perquisitionna chez lui et confisqua son compte en banque, un journal de Berlin titra : « Bonnes nouvelles d'Einstein, il ne reviendra pas. » Face à la menace nazie, il renonça au pacifisme et, craignant que les savants allemands n'arrivent à fabriquer une bombe nucléaire, proposa finalement que les États-Unis développent la leur. Mais avant même que la première n'ait explosé, il lançait un avertissement public contre les dangers de la guerre nucléaire et proposait un contrôle international de l'armement nucléaire.

Tout au long de sa vie, les efforts qu'Einstein développa en faveur de la paix ne lui rapportèrent pas grand-chose – en dehors de quelques amis. Son soutien oral à la cause sioniste fut cependant dûment reconnu en 1952, lorsqu'on lui offrit la présidence d'Israël. Arguant de sa naïveté en politique, il la refusa. Peut-être sa véritable raison était-elle tout autre; pour le citer encore : « Les équations sont plus importantes pour moi parce que la politique représente le présent, alors qu'une équation est quelque chose d'éternel. »

Galilée

Plus peut-être que toute autre grande figure, Galilée fut responsable de la naissance de la science moderne. Son célèbre conflit avec l'Église catholique était au centre de sa philosophie, car il fut l'un des premiers à montrer que l'homme pouvait espérer comprendre comment le monde marchait et, de plus, que l'on pouvait le faire en observant le monde réel.

Galilée croyait à la théorie de Copernic (des planètes tournant autour du Soleil) depuis longtemps, mais ce n'est que lorsqu'il trouva la preuve nécessaire à l'appui de cette idée qu'il décida de la défendre publiquement. C'est en italien (et non en latin académique comme c'était l'usage) qu'il en parla et bientôt, son point de vue fut largement défendu hors des universités. Cela chagrina fort les professeurs aristotéliciens qui s'unirent dans l'espoir de persuader l'Église catholique de mettre au ban la doctrine de Copernic.

Galilée, quelque peu ennuyé, se rendit à Rome pour discuter avec les autorités ecclésiastiques. Il leur montra que la Bible n'avait nullement l'intention de parler de théories scientifiques et que l'on admettait couramment que là où la Bible se trouvait en conflit avec le bon sens, il fallait y voir des allégories. Mais l'Église eut peur d'un scandale qui eût pu miner son combat contre le protestantisme et prit des mesures répressives. Elle déclara la doctrine de Copernic « fausse et erronée » en 1616 et intima à Galilée de ne plus jamais la « défendre ou tenir ». Celui-ci accepta.

En 1623, un ami de longue date de Galilée devint pape. Immédiatement, Galilée essaya de faire révoquer le décret de 1616. Il échoua mais s'arrangea pour avoir l'autorisation d'écrire un livre qui présentât à la fois les théories d'Aristote et celles de Copernic; à deux conditions, cependant : il ne prendrait pas parti, et devrait en arriver à la conclusion que l'homme ne peut en aucun cas déterminer comment le monde marche parce que Dieu pourrait provoquer les mêmes effets selon des moyens inimaginables par l'homme qui ne doit se permettre aucune restriction à la toute-puissance de Dieu.

L'ouvrage, *Dialogue sur les deux principaux systèmes du monde*, achevé et publié en 1632 avec l'aval des censeurs, fut immédiatement reconnu en Europe comme une somme littéraire et philosophique. Constatant qu'on le considérait comme un argument convaincant en faveur de la doctrine de Copernic, le pape regretta bientôt son imprimatur. Il affirma que bien que l'ouvrage ait reçu la bénédiction officielle des censeurs, Galilée n'en avait pas moins contrevenu au décret de 1616 et il traduisit Galilée devant l'Inquisition qui l'assigna à domicile pour le restant de ses jours et lui ordonna de publier un renoncement à la doctrine de Copernic. Pour la seconde fois, Galilée se soumit.

Galilée resta bon catholique, mais sa foi en l'indépendance des sciences n'avait pas été broyée. Quatre ans avant sa mort en 1642, alors qu'il était encore assigné à résidence, le manuscrit de son second ouvrage majeur passa en contrebande chez un éditeur hollandais. Ce livre, connu sous le titre des *Discorsi*, plus qu'un témoignage en faveur de Copernic, allait être la source de la physique moderne.

Isaac Newton

Isaac Newton ne fut pas ce que l'on appelle un homme agréable. Ses relations avec les autres furent pendant la plus grande partie de sa vie placées sous le signe des plus chaudes disputes. Après la publication de ses *Principia Mathematica* – sûrement l'ouvrage le plus important qui fût jamais écrit en physique –, Newton fut rapidement remarqué. Il fut élu président de la Royal Society et devint le premier savant à avoir été anobli.

Il ne tarda pas à se disputer avec l'Astronome Royal, John Flamsteed, qui, après lui avoir fourni une grande partie des données nécessaires pour ses *Principia*, retardait maintenant la diffusion de l'information que Newton lui demandait de publier. Newton n'aurait pas considéré un refus comme une réponse; faisant lui-même partie du corps gouvernemental du Royal Observatory, il essaya d'obtenir une publication immédiate de ces données et s'arrangea même pour que le travail de Flamsteed tombe dans les mains (et soit préparé pour la publication) de son ennemi mortel, Edmund Halley. Mais Flamsteed se plaignit devant les tribunaux et obtint juste à temps une ordonnance empêchant la distribution du travail volé. Outré, Newton se vengea en supprimant systématiquement toute référence à Flamsteed dans les éditions postérieures de ses *Principia*.

Une dispute plus sérieuse advint avec le philosophe allemand Gottfried Leibniz. Newton et lui avaient développé chacun de leur côté une branche des mathématiques, le calcul différentiel, qui sous-tend la plus grande part de la physique moderne. Bien que nous sachions aujourd'hui que Newton l'avait fait plusieurs années avant Leibniz, l'Anglais ne publia son travail que plus tard. Une fantastique querelle s'ensuivit pour savoir qui en aurait la paternité, les savants défendant vigoureusement l'une ou l'autre des parties. Remarquons cependant que la plupart des articles parus en faveur de Newton furent au départ écrits de sa propre main, et publiés ensuite seulement sous le nom de ses amis! Comme la querelle enflait, Leibniz commit la faute d'en appeler à la Royal Society pour arbitrage. Newton, en tant que président, désigna un comité « impartial » pour mener l'enquête, ne réunissant par pure coïncidence que ses amis à lui! Et ce ne fut pas tout : il rédigea lui-même le rapport du comité et la Royal Society le publia, accusant officiellement Leibniz de plagiat. Pas encore satisfait, il écrivit alors un article anonyme consacré à ce rapport dans le journal périodique de la Royal Society. Après la mort de Leibniz, on raconte que Newton déclara avoir éprouvé une grande satisfaction d'avoir « brisé le cœur de Leibniz ».

Pendant ces deux affrontements, Newton avait quitté Cambridge et l'Académie. Il fit beaucoup pour le compte du parti anticatholique de Cambridge et, plus tard, au Parlement où il fut récompensé par la charge lucrative de gouverneur de l'Hôtel royal des Monnaies. Là, il utilisa ses talents sournois et acides de façon plus acceptable, socialement parlant, menant avec succès un formidable combat contre les faux-monnayeurs et envoyant même plusieurs hommes à la potence.

GLOSSAIRE

Accélérateur de particules : instrument qui peut, grâce à des électro-aimants, accélérer le mouvement de particules chargées en leur fournissant de l'énergie.

Accélération : taux auquel la vitesse d'un objet se modifie.

Anti-particule : à chaque type de particule de matière correspond une anti-particule. Lorsqu'une particule heurte son anti-particule, elles s'annihilent, ne laissant que de l'énergie.

Atome : élément de base de la matière ordinaire, faite d'un noyau minuscule (consistant en protons et en neutrons) entouré d'électrons tournant autour.

Big Bang : singularité du début de l'univers.

Big Crunch : singularité à la fin de l'univers.

Champ : quelque chose qui existe à travers l'espace et le temps, au contraire d'une particule qui n'existe qu'en un seul point à un instant donné.

Champ magnétique : champ responsable des forces magnétiques, réuni aujourd'hui au champ électrique pour former le champ électromagnétique.

Charge électrique : propriété d'une particule grâce à laquelle elle peut repousser (ou attirer) d'autres particules qui ont le même signe (ou un signe opposé).

Condition « pas de bord » : idée que l'univers est fini mais n'a pas de frontière (dans le temps imaginaire).

Cône de lumière : surface dans l'espace-temps qui délimite les directions possibles pour les rayons lumineux à un événement donné.

Conservation de l'énergie : loi scientifique qui postule que l'énergie (ou son équivalent en masse) ne peut être ni créée ni détruite.

Constante cosmologique : quantité mathématique introduite par Einstein pour conférer à l'espace-temps une tendance à se dilater.

Coordonnées : nombres qui précisent la position d'un point dans l'espace et dans le temps.

Cosmologie : étude de l'univers dans son ensemble.

Décalage vers le rouge : décalage, dû à l'effet Doppler, de la lumière d'une étoile qui s'éloigne de nous.

Dimension spatiale : n'importe laquelle des trois dimensions de l'espace-temps relatives à l'espace – c'est-à-dire, toutes sauf le temps.

Dualité onde/particule : concept de la mécanique quantique selon lequel il n'y a aucune différence entre les ondes et les particules; les particules peuvent quelquefois se conduire comme des ondes, et les ondes comme des particules.

Électron : particule dotée d'une charge électrique négative et qui tourne autour du noyau d'un atome.

Énergie de grande unification : énergie au-dessus de laquelle, pense-t-on, la force électromagnétique, l'interaction faible et l'interaction forte deviennent indiscernables les unes des autres.

Énergie d'unification électrofaible : énergie (environ 100 GeV) au-dessus de laquelle la distinction entre la force électromagnétique et l'interaction faible disparaît.

Espace-temps : espace à quatre dimensions dont les points sont des événements.

État stationnaire : celui qui ne change pas avec le temps : une sphère tournant sur elle-même à vitesse constante est stable parce qu'elle paraît identique à chaque instant, même si elle n'est pas statique.

Étoile de neutrons : étoile froide équilibrée par la répulsion entre ses neutrons due au principe d'exclusion.

Événement : point de l'espace-temps défini par sa date et sa position.

Force électromagnétique : force qui apparaît entre des particules dotées de charges électriques, la seconde en intensité des quatre forces fondamentales.

Fréquence : pour une onde, le nombre de cycles complets par seconde.

Fusion nucléaire : processus dans lequel deux noyaux se heurtent et se fondent pour en former un seul, plus lourd.

Géodésique : la plus courte (ou la plus longue) trajectoire entre deux points.

Horizon : frontière d'un trou noir.

Interaction faible : la troisième des quatre forces fondamentales, à très courte portée. Elle affecte toutes les particules de matière mais pas les particules supports-de-force.

Interaction forte : la plus forte des quatre forces fondamentales, avec la plus petite portée. Elle lie les quarks ensemble à l'intérieur des protons et des neutrons et retient ensemble les protons et les neutrons pour former des atomes.

Limite de Chandrasekhar : masse maximum possible pour une étoile froide au-dessus de laquelle elle doit s'effondrer en trou noir.

Longueur d'onde : pour une onde, la distance séparant deux creux ou deux crêtes adjacentes.

Masse . quantité de matière d'un corps; son inertie, ou sa résistance à l'accélération.

Mécanique quantique : théorie développée à partir du principe des quanta de Planck et du principe d'incertitude de Heisenberg.

Naine blanche : étoile froide stable équilibrée par la répulsion entre ses électrons due au principe d'exclusion.

Neutrino : particule élémentaire de matière extrêmement légère (peut-être sans masse) qui n'est affectée que par l'interaction faible et la gravitation.

Neutron : particule sans charge très semblable au proton et qui constitue environ la moitié des particules du noyau de la majorité des atomes.

Noyau : partie centrale d'un atome rassemblant uniquement des protons et des neutrons retenus ensemble par l'interaction forte.

Particule élémentaire : particule qui, pense-t-on, ne peut se subdiviser.

Particule virtuelle : en Mécanique quantique, une particule qui ne peut jamais être directement détectée, mais dont l'existence a des effets mesurables.

Phase : pour une onde, la situation dans son cycle à un instant donné : la mesure de la phase permet de savoir si c'est sur une crête, dans un creux ou en un point quelconque intermédiaire.

Photon : quantum de lumière.

Poids : force exercée sur un corps par le champ gravitationnel. Il est proportionnel à la masse du corps mais ce n'est pas la même chose qu'elle.

Positron : anti-particule (chargée positivement) de l'électron.

Principe anthropique : nous voyons l'univers tel qu'il est parce que s'il était différent, nous ne serions pas là pour l'observer.

Principe des quanta de Planck : idée que la lumière (ou toute autre onde classique) peut être émise ou absorbée seulement par quanta discrets, dont l'énergie est proportionnelle à la fréquence.

Principe d'exclusion : deux particules identiques de spin 1/2 ne peuvent avoir (dans les limites posées par le principe d'incertitude) à la fois la même position et la même vitesse.

Principe d'incertitude : on ne peut jamais être tout à fait sûr à la fois de la position et de la vitesse d'une particule; mieux on connaît l'une, plus mal on connaîtra l'autre.

Proportionnel : « X est proportionnel à Y » signifie que lorsqu'on multiplie Y par un nombre, alors X l'est aussi. « X est inversement proportionnel à Y » signifie que lorsqu'on multiplie Y par un nombre, on divise X par ce nombre.

Protons : particules chargées positivement qui constituent à peu près la moitié des particules du noyau de la majorité des atomes.

Quantum : unité indivisible en laquelle les ondes peuvent être émises ou absorbées.

Quark : particule élémentaire (chargée) réagissant à l'interaction forte. Protons et neutrons sont composés chacun de trois quarks.

Radar : système utilisant des ondes radio pulsées pour détecter la position d'objets en mesurant le temps que met une impulsion pour atteindre l'objet et être réfléchie par lui.

Radioactivité : destruction spontanée d'un type de noyau atomique en un autre type.

Rayon gamma : ondes électromagnétiques de très courte longueur d'onde, produites par désintégration radioactive ou par collisions entre particules élémentaires.

Rayonnement centimétrique du fonds du ciel : radiation issue de l'éclat de l'univers primitif chaud, si décalée vers le rouge aujourd'hui qu'elle ne nous apparaît pas sous forme de lumière mais sous l'aspect de micro-ondes (ondes radio avec une longueur d'onde de quelques centimètres).

Relativité Générale : théorie d'Einstein basée sur l'idée que les lois de la science devraient être les mêmes pour tous les observateurs, quel que soit leur mouvement. Elle explique la force de gravité en termes de courbure de l'espace-temps quadri-dimensionnel.

Relativité Restreinte : théorie d'Einstein basée sur l'idée que les lois de la science devaient être les mêmes pour tous les observateurs se déplaçant librement, quelle que soit leur vitesse.

Seconde-lumière (année-lumière) : distance parcourue par la lumière en une seconde (en une année).

Singularité : point dans l'espace-temps où la courbure de l'espace-temps devient infinie.

Singularité nue : singularité de l'espace-temps non entourée par un trou noir.

Spectre : étalement d'une onde électromagnétique (par exemple) selon les fréquences qui la composent.

Spin : propriété interne des particules élémentaires analogue mais non identique au concept habituel de rotation.

Temps imaginaire : temps mesuré au moyen de nombres imaginaires.

Théorème de la singularité : théorème qui prouve qu'une singularité doit exister dans certaines circonstances – en particulier, que l'univers doit avoir démarré par une singularité.

Théorie de la grande unification (GUT) : théorie qui unifie la force électromagnétique et les interactions forte et faible.

Trou noir : région de l'espace-temps dont rien, même pas la lumière, ne peut s'échapper, parce que la gravité y est trop forte.

Trou noir primordial : trou noir créé dans l'univers
très primitif.

Zéro absolu : température la plus basse possible, à
laquelle une substance ne contient aucune énergie
thermique.

CHAMPS-FLAMMARION

SCIENCES

BARROW
La Grande Théorie.

BITBOL
L'Aveuglante Proximité du réel (inédit).
Mécanique quantique.

BROGLIE
La Physique nouvelle et les quanta.
Nouvelles perspectives en microphysique.

BRUNHES
La Dégradation de l'énergie.

CAVALLI-SFORZA
Qui sommes-nous ?

CHAUVET
La Vie dans la matière.

COUTEAU
Le Grand Escalier. Des quarks aux galaxies.
Les Rêves de l'infini.

CREVIER
À la recherche de l'intelligence artificielle.

DAVIES
Les Forces de la nature.

DELSEMME
Les Origines cosmiques de la vie.

DELSEMME, PECKER, REEVES
Pour comprendre l'univers.

DELUMEAU (PRÉSENTÉ PAR)
Le Savant et la foi.

DENTON (Derek)
L'Émergence de la conscience.

DENTON (Michael)
Évolution. Une théorie en crise.

DINER, LOCHAK, FARGUE
L'Objet quantique.

DROUIN
L'Écologie et son histoire.

ECCLES
Évolution du cerveau et création de
la conscience.

EINSTEIN
Comment je vois le monde.
Conceptions scientifiques.

EINSTEIN, INFELD
L'Évolution des idées en physique.

FRANCK
Einstein. Sa vie, son temps.

GELL-MANN
Le Quark et le jaguar.

GLEICK
La Théorie du chaos.

GRIBBIN
À la poursuite du Big Bang.
Le Chat de Schrödinger.

HAWKING
Commencement du temps et fin de
la physique ?
Une brève histoire du temps.

HEISENBERG
La Partie et le tout.

HURWIC
Pierre Curie.

JACQUARD
Idées vécues.
La Légende de la vie.

KLEIN, SPIRO (DIR)
Le Temps et sa flèche.

KUHN
La Structure des révolutions scientifiques.

LEAKEY, LEWIN
Les Origines de l'homme.
La Sixième Extinction.

LLOYD
Les Origines de la science grecque.

LOCHAK
La Géométrisation de la physique.
Louis de Broglie. Un prince de la science.

LOVELOCK
La Terre est un être vivant.

MANDELBROT
Fractales, hasard et finance (inédit)
Les Objets fractals.

MERLEAU-PONTY
Einstein.

MINSTER
La Machine-Océan.

VON NEUMANN
L'Ordinateur et le cerveau.

NOTTALE
L'Univers et la lumière.

PERRIN
Les Atomes.

PICHOT
Histoire de la notion de gène (inédit).

PLANCK
Autobiographie scientifique et
derniers écrits.
Initiations à la physique.

POINCARÉ
La Science et l'hypothèse.
La Valeur de la science.

POPPER
La Connaissance objective.

PRIGOGINE
Les Lois du chaos.

PRIGOGINE, STENGERS
Entre le temps et l'éternité.

REICHHOLF
L'Émancipation de la vie.
L'Émergence de l'homme.
Le Retour des castors.

ROBERT
Les Horloges biologiques.

ROSENFIELD
L'Invention de la mémoire.

RUFFIÉ
De la biologie à la culture.
Traité du vivant.

GEARY
Naissance de la France. Le monde mérovingien.

GEREMEK
Les Fils de Caïn.
Les Marginaux parisiens aux XIVᵉ et XVᵉ siècles.

GERNET
Anthropologie de la Grèce antique.
Droit et institutions en Grèce antique.

GINZBURG
Les Batailles nocturnes.

GOMEZ
L'Invention de l'Amérique.

GOUBERT
100 000 provinciaux au XVIIᵉ siècle.

GRIMAL
La Civilisation romaine.
Virgile ou la seconde naissance de Rome.

GROSSER
Affaires extérieures. La politique de la France, 1944-1989.
Le Crime et la mémoire.

HELL
Le Sang noir.

HELLER
Histoire de la Russie.

KRAMER
L'Histoire commence à Sumer.

LALOUETTE
Au royaume d'Égypte. Histoire de l'Égypte pharaonique I.
Thèbes. Histoire de l'Égypte pharaonique II.
L'Empire des Ramsès. Histoire de l'Égypte pharaonique III.
L'Art figuratif dans l'Égypte pharaonique.

LANE
Venise, une république maritime.

LE GOFF
La Civilisation de l'Occident médiéval.

LEROY
L'Aventure séfarade. De la péninsule ibérique à la Diaspora.

LE ROY LADURIE
Histoire du climat depuis l'an mil.
Les Paysans de Languedoc.

LEWIS
Les Arabes dans l'histoire.
Juifs en terre d'Islam.

LOMBARD
L'Islam dans sa première grandeur.

MAHN-LOT
La Découverte de l'Amérique.

MARRUS
L'Holocauste dans l'histoire

MAYER
La Persistance de l'Ancien Régime.

MILZA
Fascisme français.

MOLLAT, WOLFF
Les Révolutions populaires en Europe aux XIVᵉ et XVᵉ siècles.

MUCHEMBLED
Culture populaire et culture des élites dans la France moderne (XVᵉ-XVIIIᵉ siècle)

RICHET
La France moderne. L'esprit des institutions.

ROMANO
Les Conquistadores.

SCHWALLER DE LUBICZ I.
Her-Bak « disciple ».
Her-Bak « pois chiche ».

SCHWALLER DE LUBICZ R.A.
Le Miracle égyptien.
Le Roi de la théocratie pharaonique.

SOUTHERN
L'Église et la société dans l'Occident médiéval.

STERN
Hitler.

TUBIANA
Histoire de la pensée médicale.

VALANCE
Histoire du franc de 1360 à 2002

VIDAL-NAQUET
La Démocratie athénienne vue d'ailleurs.

VINCENT
1492 : « l'année admirable ».

VINCENT
Histoire des États-Unis.

SCIENCES HUMAINES

ABRAHAM, TOROK
L'Écorce et le noyau.
Le Verbier de l'homme aux loups.

ADORNO
Notes sur la littérature.

ALAIN
Idées. Introduction à la philosophie de Platon, Descartes, Hegel, Comte.

ANATRELLA
Non à la société dépressive.
Le Sexe oublié.

ARCHÉOLOGIE DE LA FRANCE
(Réunion des musées nationaux).

ARNAULD, NICOLE
La Logique ou l'art de penser.

ARNHEIM
La Pensée visuelle.

AUGÉ
Anthropologie des mondes contemporains.

Achevé d'imprimer en août 1999
sur presse Cameron
*par **Bussière Camedan Imprimeries***
à Saint-Amand-Montrond (Cher)

N° d'éditeur : FH129847.
Dépôt légal : octobre 1991.
N° d'impression : 993177/1.
Imprimé en France